Koryu Goju Ryu Karate Jutsu Grundlagen

Danksagung

Mein besonderer Dank gilt meinen Lehrern Dr. Hokama Tetsuhiro, Gakiya Yoshiaki, Yogi Jyusei, Patrick McCarthy und Koda Toshio. Sie unterrichteten und unterstützten mich seit mehreren Jahrzehnten bei meinem Versuch Karate und Kobujutsu zu erlernen und zu praktizieren. Ohne die Unterstützung und Hilfe meiner Lehrer wäre ich nie so weit gekommen.

Ich bedanke mich auch bei meinen Schülern, insbesondere bei Tanja Ganzenmüller, Jochen Kiltz und Goran Mesic die mir bei der Entstehung dieses Buches mit Rat und Tat zur Seite standen.

Mein besonderer Dank aber gebührt meiner Mutter. Ohne sie hätte ich sicherlich nie mit Karate begonnen und wäre auf meinem Weg nicht vorangeschritten.

Heinrich Büttner, Dezember 2016

Heinrich Büttner
7. Dan Okinawa Goju Ryu Karatedo Kenshikai
5. Dan Okinawa Kobudo Doushi Rensei Kai
1. Dan Kyusho Jutsu

Koryu Goju Ryu Karate Jutsu Grundlagen

Bibliografische Information der Deutschen Nationalbibliothek: Die Deutsche Nationalbibliothek verzeichnet diese Publikation in der Deutschen Nationalbibliografie; detaillierte bibliografische Daten sind im Internet über http://dnb.dnb.de abrufbar.

Illustration: Heinrich Büttner
Weitere Mitwikende: T. Ganzenmüller, G, Mesic, J. Kiltz

Copyright © 2016 Heinrich Büttner

Herstellung und Verlag:

BoD – Books on Demand, Norderstedt

ISBN: 9783743165649

Haftungshinweis: Bitte beachten Sie, dass der Autor und Herausgeber dieses Buches in keiner Art und Weise verantwortlich ist für irgendwelche Verletzungen, die durch das Praktizieren der Techniken und / oder den Anweisungen können. Da die hier beschriebenen körperlichen Aktivitäten anstrengend sein können, ist es wichtig, vor dem Training einen Arzt zu Rate zu ziehen.

Inhaltsverzeichnis

Vorwort des Autors 10
Vorwort von Dr. Hokama Tetsuhiro 12
Die Wurzeln des Karate 14
Der Anfang des chinesischen Kempo 19
Die Kampfkünste kommen nach Okinawa 20
Das Waffenverbot 24
Die Entwicklung des Karate in Okinawa 26
Die Entstehung des Naha-Te 29
Aragaki Seisho 新垣 世璋 (1840 – 1920) 33
Higaonna Kanryo 東恩納寛量先生 (10.03.1853 - 23.12.1915) 34
Kyoda Juhatsu 許田 重発先生 (05.12.1887 – 31.08.1968) 39
Go Kenki, 1886 – 1940 (Wu Hsienhui 呉賢貴) 41
Miyagi Chojun 宮城長順先生 (25.04.1888 ~ 08.10.1953 43
Higa Seko 比嘉世幸先生 (08.11.1898 ~ 16.04.1966) 54
Yagi Meitoku 八木明徳先生 (6.03.1912 - 07.02.2003) 55
Toguchi Seikichi 渡口政吉先生 (20.05.1917 - 31.08.1998) 56
Miyazato Ei'ichi 宮里栄一先生 (05.07.1922 - 11.12.1999) 57
Fukuchi Seiko 福地精幸先生 (04.09.1919 - 18.07.1975) 59
Dr. Hokama Tetsuhiro 外間哲弘先生 (*14.09.1944 ~) 60
Die Fürsten Amawari, Gosamaru und Uni-Ufugusuku 62
Briefmarken mit Karate-Motiven 66
Junbi Undo (Aufwärmübungen) 準備運動 74
   Junbi Undo 1 76
   Junbi Undo 2 79
   Junbi Undo 3 80
   Junbi Undo 4 81
   Junbi Undo 5 82
   Junbi Undo 6 83
   Junbi Undo 8 84
   Junbi Undo 09 85
   Junbi Undo 10 86
   Junbi Undo 11 86

- Junbi Undo 12 88
- Junbi Undo 13 89
- Junbi Undo 14 90
- Junbi Undo 15 91
- Junbi Undo 16 93

Hojo Undo (ergänzende Übungen) 補助運動 96
- 1. Nigiri Game 握りがめ 99
  - Das Aufnehmen der Nigiri Game 100
- 2. Chi Ishi 据石 – Steingewicht am Stil 104
  - Das Chi Ishi hochheben 105
  - Übung 1 (einhändig) 106
  - Übung 2 (einhändig) 108
  - Übung 3 (einhändig) 109
  - Übung 4 (beidhändig) 111
- 3. Ishi Sashi 石錠 – Steinschloss 112
  - Übung 1 (beidhändig) 113
  - Übung 2 115
  - Übung 3 116
- 4. Tetsu Geta 鉄下駄 – Eisensandalen 117
  - Übung 1 117
  - Übung 2 119
- 5. Makiagi Kigu 巻揚 – Gewicht zum aufrollen 120
  - Übung 1 120
  - Übung 2 121
  - Übung 3 121
- 6. Makiwara 巻藁 – Schlagpfosten 122
  - Übung 1 125
  - Übung 2 126
  - Übung 3 127
  - Übung 4 128
  - Übung 5 129

Die Stellungen des Okinawa Goju Ryu 立ち技 132
- Grundprinzipien der Stellungen: 132
- Gemeinsamkeiten aller Stellungen: 132
- Sanchin Dachi 三戦 立ち Drei-Schlachten Stand 133
- Musubi Dachi 結び 立ち „Achtung"-Stellung 134

Heiko Dachi　平行 立ち Paralleler Stand	134
Shiko Dachi　四股 立ち Reiterstellung	135
Zenkutsu Dachi　前屈 立ち Vorwärts gerichtete Stellung	136
Nekoashi Dachi　猫足立 Katzenfuß Stellung	136

Fußbewegungen: Unsoku-ho 運足法 ... 137

Schrittbewegung in Sanchin Dachi	137
Schrittbewegungen in Zenkutsu Dachi	138
Yori Ashi 寄り足 前 / 後ろ	139
Tsugi Ashi 次足	140
Oi Ashi 追い足	141
Die Wendung: Mawate 回て / 回る	142

Abwehrtechniken　受け技 ... 143

Jodan Age Uke 上段揚げ受け	145
Chudan Yoko Uke 中段横受け	146
Gedan Uke 下段受け	147
Chudan Kake Uke　中段掛け受け	148
Chudan Ko Uke　中段弧受け	149
Chudan Ura Uke　中段裏受け	150
Gedan Shotei Harai Uke　下段掌底払い受け	151
Kuri Uke　くり受け	152
Mawashi Uke / Tora Guchi　回し受け / 虎口	153

Stoß- und Schlagtechniken　突き/打技 ... 154

Handtechniken　手技	155
Seiken Zuki　正拳突き	158
Ura Zuki　裏突き	159
Age Zuki　揚げ突き	160
Shuto Uchi (Suihei)　手刀打（水平）	160
Shuto Uchi　手刀打	161
Mawashi Zuki　回し突き	162
Haito Uchi　指刀打	162
Shotei Ate　掌底当て	163
Uraken Uchi (Mae)　裏拳打（前）	163
Kentsui Uchi　拳追打	164
Mae Hiji Ate　前肘当て	164
Mawashi Hiji Ate　回し肘当て	165

Fußtechniken.. 166
    Hiza Geri 　　膝蹴り 167
    Mae Geri 　　前蹴り 167
Mawashi Geri 　回し蹴り 168
    Yoko Geri 　　横蹴り 169
    Kansetsu Geri 　間接蹴り 170
Kata 　　形 oder 型 172
Kata Sanchin 　参戦 [三戦] Drei Schlachten, drei Konflikte 175
Kata Saifa 　　砕破 oder サイファー 192
Ausgewählte Bunkai der Kata Saifa 　選択分解型砕破 203
    Die Anwendung der Bewegung 2 bis 5 (Variante 1) 203
    Die Anwendung der Bewegung 2 bis 5 (Variante 2) 205
    Die Anwendung der Bewegung 2 bis 5 (Variante 3) 207
    Die Anwendung der Bewegung 19 bis 23 208
    Die Anwendung der Bewegung 26 – 29 (Variante 1) 210
    Die Anwendung der Bewegung 26 – 29 (Variante 2) 212
    Die Anwendung der Bewegung 35 213
    Die Anwendung der Bewegung 36 - 38 214
Erinnerungen 思い出 222
Literatur: 242

Vorwort des Autors

Ein weiteres Karatebuch auf dem Markt. Ja so kann man es sehen. Ich habe dieses Buch geschrieben, da mich meine Schüler seit vielen Jahren darum gebeten haben.

Ich wurde immer wieder gefragt: „Was ist Karate?" Diese Frage läßt sich aber eigentlich nur mit einer Gegenfrage beantworten: „Welches Karate meinst du? Sportkarate, Wettkampfkarate, Karate als Selbstverteidigung, Karate als Weg, traditionelles Karate, „Leere Hand" oder Chinesische Hand?"

Was also ist Karate? Für mich ist es eine Frage der Schreibweise. China-Hand 唐手 oder Leere Hand 空手 Als Chomo Hanashiro im Jahre 1905 die Schreibweise änderte und kurz danach Itosu Anko 1908 seinen berühmten Brief ans Erziehungsministerium schrieb, indem er die Wichtigkeit des Karate für die Erziehung der Jugend darstellte, war es wohl um das „alte" Karate geschehen.

Quelle: en.wikipedia.org

Aus dem Einzelunterricht wurde Gruppentraining und die Schüler konnten sich nun ihren Lehrer aussuchen und wurden nicht wie früher vom Lehrer „erwählt". Auch der japanische Nationalismus und Militarismus spielte eine große Rolle. Das Karate wurde oberflächlicher, systematisierter und vor allem vereinfacht, um die breite Masse zu unterrichten.

Zu den heute bekanntesten Kampfsportarten gehören Taekwondo, Thaiboxen, Kung-Fu und natürlich Karate oder Karatedo.

In den meisten dieser Sportarten gibt es verschiedene Disziplinen - den Kampf nach Punkten mit und ohne Kontakt, aber auch die kontaktlosen Disziplinen wie die sogenannten Formenwettkämpfe (Kata, Hyong, Taolu, Kuen, Poomse, Xing), die mehr einer *Bodenturnübung* oder einer *Tanzkür* ähneln und von einer Jury bewertet werden.

Ich versuche in meinem Unterricht diesen Weg umzudrehen und auch wieder in Einzelunterricht meinen Schülern den alten Weg der „chinesischen Hand" zu unterrichten, so wie ich ihn selbst von meinem Lehrer Hokama Tetsuhiro 10. Dan Hanshi in vielen Jahren erlernen durfte. Aber auch die Einflüsse durch Patrick McCarthy 9. Dan Hanshi spielen eine große Rolle in meinem Unterricht.

Was also ist Karate 唐手 Es ist ein Weg der Selbstverteidigung, wenn man den sportlichen Aspekt hintanstellt und sicherlich keine gymnastische Übung ohne Zweck und Sinn.

Ich wünsche allen Lesern viel Spaß beim Lesen.

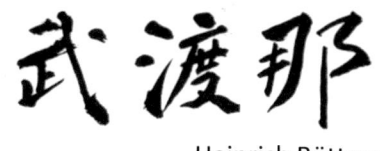

Heinrich Büttner

Vorwort von Dr. Hokama Tetsuhiro

Ich habe das Buch von Büttner Sensei gesehen und finde es höchst interessant.

Ich habe mein Karatemuseum im Jahre 1987 eröffnet. Seitdem sind ca. 7000 Menschen aus über 174 Nationen gekommen und haben es besucht, besonders, weil sie darin viele interessante Sachen aus der Geschichte des Karate finden. Ich bin eine Art Reiseführer zu den historischen Stätten, wie die Grabstätten der verstorbenen Meister und anderen interessanten Plätzen. Ich biete auch eine Besichtigungstour an zu vielen interessanten Orten des Karate von Okinawa.

In meinem Museum habe ich viele Bücher über das Karate aus aller Welt. Diese Bücher geben viele Einblicke in die Techniken, das Junbi Undo und vieles mehr.

Büttner Sensei kommt seit vielen Jahren immer wieder nach Okinawa, um zu trainieren und über die Geschichte des Karate und Kobudo zu forschen. Er trainierte bei

Gakiya Yoshiaki und Yogi Jyusei Okinawa Kobudo und bei mir Okinawa Goju Ryu Karatedo und erforschte darüber hinaus sehr viel selbst.

In seinem Buch gibt es Kapitel über die Geschichte, die großen Meister des Goju Ryu Karatedo und über die Techniken und die Kata.

Ich denke es ist für jedermann schwierig über ein fremdes Land zu schreiben.

Er hat zusammen mit seinen Schülern Tanja, Jochen und Goran mit dem Buch eine große Arbeit geleistet und hat eine große Zukunft.

Dieses Buch ist hart erarbeitet und ich hoffe, dass es viele Leser haben wird.

Hokama Tetsuhiro
PhD in Karate
10. Dan Hanshi Goju Ryu Karatedo und Okinawa Kobudo
Präsident des Karate Museum von Okinawa
Hall of fame USA (2011), Holland (2011) und Canada (2015)

Die Wurzeln des Karate

Antike Kulturen und die Herkunft des Kämpfens

Alle Lebewesen besitzen den Instinkt, sich gegen ihre Feinde zu verteidigen. Selbst ein kleines Kind versucht sich durch Abdecken seines Kopfes mit Händen und Armen zu schützen, wenn jemand versucht, seinen Kopf zu schlagen. Diese unfreiwillige Reaktion ist ein instinktiver Reflex der Selbstverteidigung. Es ist daher ganz natürlich, anzunehmen, dass die Elemente, aus denen Karate entstand, aus diesem Instinkt heraus mit dem Beginn der Menschheit ihren Ursprung hatten. Die Traditionen der Kampfkünste entstanden durch verschiedene Menschen in unterschiedlichen Kulturen, vor allem innerhalb der antiken Zivilisationen in Zentralasien, Ägypten, Kreta und Griechenland. Glaubt man den Geschichtsforschern, so liegt der Ursprung der Zivilisation in Mesopotamien, dem Land zwischen Euphrat und Tigris. Die Sumerer bauten dort die erste Stadt (Urq). Dort fanden Archäologen Tonscherben mit Darstellungen von ringenden und boxenden Männern.

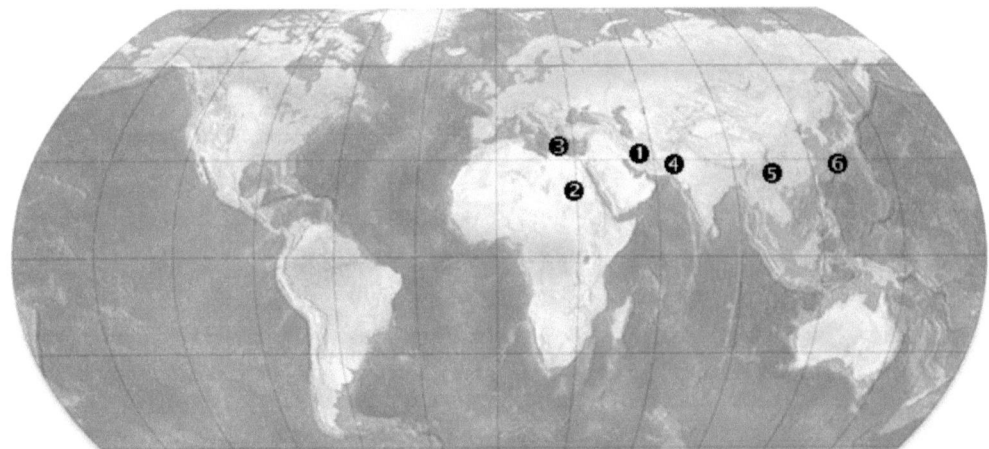

1) Sumerer, 2) Ägypten, 3) Kreta Spätminoische Periode, 4) Indien, 5) China, 6) Okinawa

Karte von Mesopotamien (Wikipedia)

Obwohl es keine eindeutigen Beweise gibt, zu welchem Zeitpunkt Karate-ähnliche Techniken entwickelt wurden, gibt es jedoch viele Hinweise darauf. Es gibt Darstellungen von Männern in Karate-ähnlichen Ständen an einer Wand des ca. 4300 Jahre alten ägyptischen Grabes von Ptahshopte in Seqqara. Weitere Hinweise dafür zeigen zwei kleine babylonische Kunstwerke aus der Zeit 2000 bis 3000 Jahre v. Chr. Jedes zeigt die Charakteristik der grundlegenden Blocktechniken des Karate, welche wir heute verwenden.

Boxer und Fechter im Grab von Ptahshopte in Seqqara

Boxer in kurzen Röcken und mit Handgelenks-bandagen aus der Stadt Ashunnak (Louvre Paris)

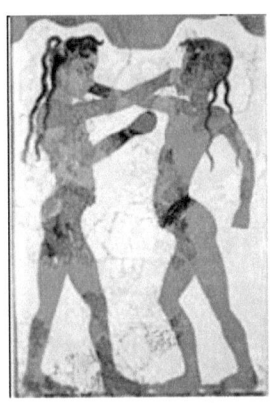

Jugendliche Boxer aus Thera (*Archäologisches Museum Athen*)

In Griechenland gibt es Darstellungen über Pankration, das 648 v. Chr. bei der Olympiade eingeführt wurde. Außer Fingerstiche in die Augen und Beißen waren Techniken wie Stoßen, Treten, Würgen, Werfen und Bodenkampf erlaubt. Die Kämpfe endeten mit dem KO.

Eine griechische Statue zeigt zwei Pankratiasten im Bodenkampf (3. Jahrhundert v. Chr.). Die Faust des oberen Athleten, bereit zum Faust-stoß, zeigt sofort, dass dies Pankration und nicht Ringen ist.

(Replik aus Kreta im Besitz des Autors)

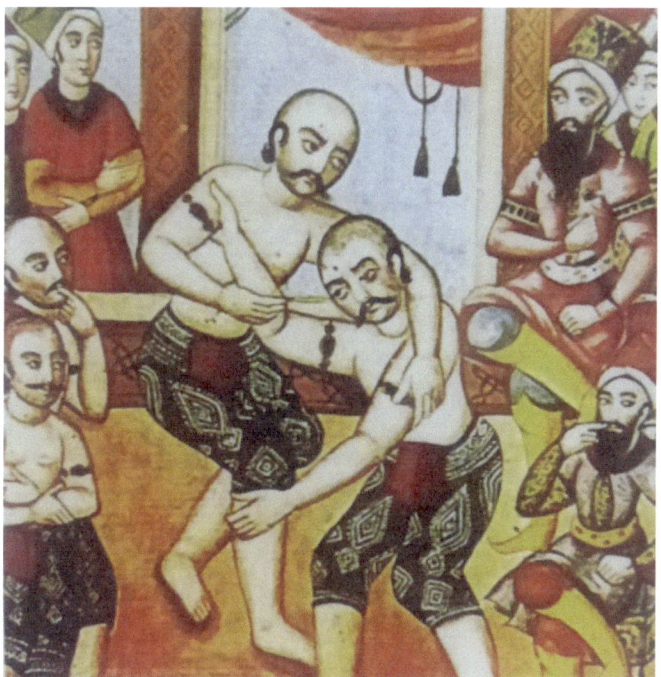

Quelle: Okinawa Prefecture Karate Museum by Dr. Hokama Tetsuhiro

Der Einfluß des persischen Ringens KUSHTI PAHLEVANI, welches noch heute praktiziert wird auf die Kampfkunst von Okinawa.

Die Geschichte des KUSHTI – PAHLAVANI kann zurückverfolgt werden bis ins Persische Königreich Parthian" 132 vor Chr. bis 226 nach Chr. Der Autor Hasan Pirnia schreibt in seinem Buch „History of Ancient Iran": auch das Wort Pahlavan stammt aus der „Parthia Dynastie".

Ferdowsi (935 – 1026 nach Chr.), der größte mystische Dichter des Irans und ein Historiker schrieb ebenfalls in seinem Buch „Das Buch der Könige" (Shah-nameh).

Der Mithraskult in Persien erreichte seinen Höhepunkt in der selben Zeit und breitete sich von Persien nach Indien, China und ins Römische Reich aus. Es gibt Schlagtechniken die ähnlich den Ritualen des Mithraism und des Kushti – Pahlevani sind. Tempel in denen Mithraism praktiziert wurde sind in der Struktur den „Zeerkhaneh" ähnlich, in denen Kushti Pahlevani praktiziert wurde.

Das Bild zeigt zwei persische Ringer beim Kampftraining, sie praktizieren „**Noghat-e Hassas**" Vitalpunkte am Nacken und am Ellbogen. Die sind ähnlich dem „**Kyusho-Jutsu**" das heute in den Kampfkünsten von Japan und Okinawa praktiziert werden.

Quelle: Okinawa Prefecture Karate Museum by Dr. Hokama Tetsuhiro

So wurden Karate-ähnliche Kampfkünste in vielen alten Kulturen praktiziert. Es ist wahrscheinlich, dass die Prinzipien des Karate durch die Turkvölker nach Indien gebracht wurden. Lange, bevor es die Seidenstraße gab, herrschte bereits reger kultureller Austausch zwischen Vorderasien und Indien. Es sollte betont werden, dass diese Kampfkünste, die aus dem Westen nach Indien kamen noch recht unvollständig, recht rudimentär waren und sie sich erst in Indien und später in China zu ausgefeilten Kampfkünsten entwickelten.

So wird angenommen, dass in Indien, eine Kampftechnik mit leeren Händen von Kriegern bei ihren Stammesfehden lange vor der Geburt des Buddhismus verwendet wurde. Im südlichen Indien entstand die Kampfkunst Kalaripayat. Von Bedeutung ist, dass dieses Kalaripayat der einheimischen Kampfkunst auf Okinawa ähnelte.

Die Kunst des „Te", hat eine über 1000-jährige Geschichte. Es gibt eine Theorie, dass die Kunst des Kalaripayat von Seeleuten, die nach Südindien gereist waren, erlernt und nach Okinawa gebracht wurde. Man nimmt an, dass das okinawanische „Te" später mit der chinesischen Kunst des „Kempo" vereinigt und dadurch allmählich zur Kampfkunst Karate entwickelt wurde.

Der Anfang des chinesischen Kempo

Bodhidharma 菩提達摩 war ein bekannter buddhistischer Zen-Mönch, der neun Jahre lang in einem Shaolin Tempel 少林寺 in den Song Bergen 嵩山 in China gelebt haben soll. Der Legende nach wurde Bodhidharma in Indien vor rund 1400 Jahren, als drittes Kind von König Sugandhain geboren und war ein Mitglied der Kriegerkaste. Er soll in der Zeit der Südlichen und Nördlichen Dynastien 南北朝 um 520 n. Chr. an den Fuß der Song Berge in der Provinz Hunan gekommen sein, um dort Vorträge über den Buddhismus zu halten. Er verbrachte seine Tage mit Meditation vor der Wand in einer Höhle, die sich in der Nähe des Tempels befand.

Es gibt keine eindeutigen Beweise dafür, dass die Kampfkünste in China schon vor der Ankunft von Bodhidharma existierten, aber es ist doch sehr wahrscheinlich. Eine Theorie behauptet, dass vor etwa 5000 Jahren während der Regierungszeit von Kaiser Hua'ng die erste Kampfkunst, ähnlich dem Kempo entstand und dass während der Chou-Dynastie 周朝 (770 v. Chr. bis 256 v. Chr.), die Prinzipien und Techniken des Kempo begründet wurden und diese in der Sui-Dynastie 隋朝 (581 n. Chr. bis 618 n. Chr.) weiterentwickelt wurden.

Wie bereits erwähnt, verbrachte Bodhidharma neun Jahre mit Meditation im Shaolin Tempel. Nach neun Jahren der Meditation lehrte Bodhidharma den Mönchen Übungen, um ihren Körper und Geist zu stärken. Er führte eine Reihe von körperlichen Übungen ein, die aus 18 Kata und 2 Sutren सूत्र bestanden, auf Japanisch „Ekkinkyo" (Yi Jing Jin 易筋經, „Transformation der Sehnen und Bänder") und „Sanzuikyo" (Xi Shui Jin 洗髓經, „Waschung des Marks") genannt. Im „Ekkinkyo", lehrte Bodhidharma eine Reihe von Übungen und Atemtechniken die es den Mönchen ermöglichte den langen Stunden der Meditation und anderen schweren Formen der Ausbildung standzuhalten. Im Senzuikyo erklärte er wie die Mönche ihre geistige und spirituelle Kraft zum gleichen Ziel entwickeln konnten. Diese Anweisungen werden noch immer als die fundamentalen Prinzipien des heutigen Karate-do angesehen. Diese Lehren von Bodhidharma haben vermutlich die Entstehung des chinesischen Kempo gefördert. Unabhängig davon, da der Einfluss von Bodhidharma nicht sicher ist, erkannten die Shaolin Mönche jener Zeit die Bedeutung von körperlicher Bewegung als Teil ihrer täglichen Übung.

Boddhidharma (Quelle: Shureido, Okinawa)

Mehrere Kata im Goju Ryu werden nur mit Zahlen geschrieben. Diese sind: Seisan (13 Hände), Seipai (18 Hände), Sanseiru (36 Hände) und Suparinpei (108 Hände). Einige dieser Zahlen kann man im Buddhismus finden. Dies deutet darauf hin, dass es buddhistische Einflüsse auf die Entwicklung des Karate gegeben hat.

Die Kampfkünste kommen nach Okinawa

Die einheimische Kunst des „Te" wurde von den Menschen in Okinawa, schon lange bevor das chinesische Kempo in Okinawa eingeführt wurde, praktiziert. Die Einführung des chinesischen Kempo wurde zum ersten Mal in einem Dokument, während der Regentschaft von König Satto 察度 (c. 1320 – 1395), im Jahre 1372, schriftlich erwähnt. Aber sehr wahrscheinlich erfuhren die Menschen in Okinawa vom Kempo bereits mit dem Beginn der Handelsbeziehungen zwischen Okinawa und China. Als das chinesische Kempo nach Okinawa kam, war es eine reine Form der Selbstverteidigung mit leeren Händen und keine Übung für die Gesundheit. Die Entwicklung des Kampfes mit leeren Händen wurde auf Okinawa durch die bewegte politische Geschichte des Landes stark beeinflusst. Das Waffenverbot durch König Sho Shin am Ende des fünfzehnten Jahrhunderts, weckte das Interesse an den Kampftechniken.

Viele Forscher, die die Geschichte der asiatischen Kampfkünste studiert haben, glauben, dass die einheimische Art des „Te" von Okinawa mit dem chinesischen Kempo zur Kunst des Karate kombiniert wurde. In Okinawa, wurden die fremden Einflüsse in vielen Jahren sorgfältig mit der Kultur von Okinawa verschmolzen. Ebenso wurde die Kunst des Kampfes mit leeren Händen studiert und zur anspruchsvollen Kampfkunst Karate entwickelt.

Ein wichtiger Aspekt des Karate in Okinawa ist, dass es in erster Linie nicht als Sport oder als Übung für die Gesundheit praktiziert wird. Die Okinawaner betrachten Karate vielmehr als ein lebenslanges Streben um Körper und Geist zu trainieren. Die Schüler verbringen viele Stunden damit, die grundlegende Kata als eine Form des spirituellen Trainings zu üben. Diese Haltung entwickelte sich möglicherweise aufgrund der langen Geschichte der ausländischen Einflüsse und Unterdrückung.

Karate, das eine Geschichte von fast 5000 Jahre hat, ist heute an einem kritischen Punkt in seiner Entwicklung. Diejenigen von uns, die der Kunst des Karate verpflichtet sind, haben eine Verantwortung sowohl für unsere Vorfahren als auch für unsere Nachfolger, die Essenz und die Form des Karate zu bewahren.

Königreich der Ryukyu wärend der Sanzan-Zeit

Mit Beginn des 14. Jahrhunderts vereinigten sich die einzelnen Stammesfürstentümer auf Okinawa zu den drei Königreichen Hokuzan 北山 („Nördliche Berge"), Chūzan 中山 („Zentrale Berge") und Nanzan 南山 („Südliche Berge"), was als „Zeit der drei Königreiche" oder „Sanzan-Jidai" 三山時代 „Zeit der drei Berge" (ca. 1314 bis 1429) in die Geschichte einging.

Im Jahre 1349, entmachtete Satto der Fürst der Stadt Urasoe den Herrscher von Chūzan und wurde der neue König von Chuzan.

Gemäß den historischen Aufzeichnungen des Mingreiches, besuchte Zhu Yuanzhang 朱元璋 (1326 - 1398), der Gründer der Ming-Dynastie, das Ryukyu Reich und ernannte Satto zum König von Chūzan. 1372 wurde König Satto dann tributpflichtig gegenüber China, was den Beginn einer langen Beziehung zwischen Okinawa und China darstellte.

Der chinesische Kaiser war darüber sehr erfreut und förderte die guten Beziehungen mit Okinawa. Er schickte in jedem zweiten Jahr Gesandte mit Geschenken nach Okinawa. Die Gesandten wurden mit einer großen Zeremonie und allen Ehren im Schloß von Shuri, dem Wohnsitz des Königs, empfangen. Diese Delegationen aus China kamen regelmäßig bis zum Jahr 1866 nach Okinawa, selbst nach der Invasion durch den Shimazu Clan[1] 島津氏 aus der Provinz Satsuma (heute die Präfektur Kagoshima) im Jahre 1609.

Unter diesen Delegierten befanden sich viele Meister des chinesischen Kempo, aber auch viele Handwerker und Künstler. Während ihres Aufenthalts in Shuri und Naha lehrten diese dann einigen Angehörigen der Adelsklasse von Okinawa das chinesisches Kempo.

Im Gegenzug wurde durch die Ryukyu-Dynastie alle zwei Jahre bis zum Jahr 1874 Schiffe mit adligen Delegationen zum chinesischen Festland gesandt. Diese waren mit wertvollen Geschenken für den chinesischen Kaiser beladen. Um diese Transporte vor Piraten und Plünderern zu schützen, waren sowohl die Schiffsbesatzungen wie auch die Delegierten in den Kampfkünsten gut trainiert und bewaffnet. Man nimmt daher an, dass einer der Gründe, warum sich die Kampfkünste zu einer anspruchsvollen Kunst auf der kleinen Insel Okinawa entwickelt hatten, auch in der Notwendigkeit lag, diese Tributzahlungen zu schützen.

Im Jahre 1392 (Ming-Dynastie 明朝) wurde noch während der Regentschaft von König Satto, eine Gruppe mit qualifizierten Dolmetschern, Handwerkern und Mönchen nach Okinawa gesandt, die sich im Dorf Kumemura 久米村 niederließen. Die Bewohner vom Kumemura waren für alle Fragen zuständig, die den Handel und die Kommunikation zwischen China und Okinawa betrafen - die Ausgabe von diplomatischen Dokumenten, die Bereitstellung von Boten, Dolmetschern und Bootsführern. Die Chinesen, die sich in Kumemura ansiedelten, die auch als die „36 Familien" bekannt wurden, lehrten den Dorfbewohnern chinesisches Kempo.

---

[1] *Der Shimazu Clan wird häufig fälschlicherweise als der Satsuma Clan bezeichnet. Der korrekte Name ist aber Shimazu.*

Denkmal für die „36 Familien" von Kume, die Familiennamen sind im oberen Bereich eingeschrieben. Matsuyama Koen in Kume, Naha.

Die Geschichtsschreibung ist sich einig, daß die Zahl 36 nur eine symbolische Anzahl darstellt. In Wirklichkeit waren es natürlich viel mehr. Sie hatten damals nur die Aufgabe die Beziehungen zwischen China und dem Königreich Ryukyu zu verbessern.

Etwa zur gleichen Zeit wurde in Fushou, in der chinesischen Provinz Fukien, eine Siedlung für die Gesandten aus Okinawa auf Bestreben des okinawanischen Königs errichtet, um die Okinawaner, die zum Studium der Kampfkünste nach China gingen, aufzunehmen. Einige dieser Delegierten blieben für längere Zeit in China, schrieben sich in Kampfkunstschulen ein und erlernten so das chinesische Kempo. So wurde das chinesische Kempo, während der Regentschaft von König Satto, sowohl durch die chinesischen Gesandten in Kumemura, wie auch durch Rückkehrer aus China, in Okinawa eingeführt.

Das Waffenverbot

Um zu verstehen warum sich die Kampfkunst mit leeren Händen so erfolgreich auf Okinawa entwickelte, müssen wir einen Blick in die Geschichte dieses Inselreiches werfen.

1429 wurden die drei Reiche durch König Sho Hashi 尚巴志 (1372 bis 1439) zu einem Königreich vereinigt und so die erste Sho-Dynastie (1429 bis 1470) gegründet.

Abbildung von Sho Hashi
Quelle: History and Traditions of Okinawan Karate by Hokama Tetsuhiro

Um 1470 führte der Zusammenbruch der ersten Sho-Dynastie zu einer Zeit der politischen Wirren. 1477 wurde eine neue, die zweite Sho-Dynastie errichtet. Der erste Erlass des neuen Königs Sho Shin 尚真王 war, das Tragen von Schwertern für jedermann, egal ob Edelmann oder Bauer zu verbieten. Er ordnete an, dass alle Waffen eingezogen und auf Schloß Shuri versperrt wurden. Der bedeutendste Akt von König Sho Shin war, dass er verlangte, dass alle Mitglieder des Adels, der jetzt entwaffnet war, sich in der Hauptstadt ansiedeln mussten. Dies wiederum ermöglichte es dem König, die potenziellen rebellischen Kriegsherren im Auge zu behalten.

König Shō Shin (1465-1526) (Wikipedia)

Nachdem König Sho Shin seine Gefolgsleute entwaffnet hatte, entstanden zwei verschiedene Kampfformen. Die eine wurde als die Kunst des „Te" bekannt und wurde von Mitgliedern des Adels entwickelt und praktiziert. Die andere wurde als Ryukyu Kobudo bekannt. Kobudo wurde von Bauern und Fischern entwickelt und ausgeübt, indem sie die Verwendung von einfachen Fischerei- und landwirtschaftlichen Geräten in ihr Kampfsystem integrierten. Das Training fand meist nach Einbruch der Dunkelheit an abgelegenen Orten statt. Gründe dafür waren vor allem die hohen Temperaturen, der Lärm und natürlich die Geheimhaltung.

Viele der heutigen Karatemeister in Okinawa glauben, dass das erste Waffenverbot durch König Sho Shin eine kluge Entscheidung für die Entwicklung des Karate war.

Okinawas goldenes Zeitalter wurde genährt vom Handel mit China und vielen Ländern in Südostasien und dauerte bis zum Jahre 1609, als Okinawa durch den Shimazu Clan überfallen und besetzt wurde.

Okinawa wurde ein Marionettenstaat von Japan. Nach der japanischen Invasion, wurde Okinawa durch den Togugawa Ieyasu 徳川家康, dem Shogun gezwungen, eine Fassade der Loyalität gegenüber China aufrecht zu halten. So musste Okinawa sowohl Tributzahlungen an Japan als auch an China leisten. Das Waffenverbot wurde durch die japanische Besatzungsmacht aufrechterhalten. Einer der Gründe, warum die Japaner das Verbot aufrecht hielten war, dass sie keine Veränderung der politischen Situation auf Okinawa wollten. Dieses Waffenverbot beeinflusste die weitere Geschichte von Okinawa sehr stark.

Nach der Meiji Restauration 明治維新 im Jahre 1868 wurde die Ryukyu-Dynastie ein offizielles Territorium von Japan. Im Jahre 1879 wurde die Ryukyu-

Dynastie unter der neuen Meiji-Regierung zu einer japanischen Präfektur gemacht. Diese historische Entscheidung hat einen Streit unter der Bevölkerung von Okinawa hervorgerufen. Einige unterstützten diese Entscheidung, ein Teil von Japan zu werden, während andere dafür waren, ein Teil von China zu werden.

Die Entwicklung des Karate in Okinawa

Historische Aufzeichnungen liefern uns einige Namen von denen, die an der Entwicklung der Kampfkünste in Okinawa beteiligt waren. Im Jahre 1683, während der Regierungszeit von König Sho Tei, lebte der chinesische Delegierte „**Wanshu**", der vom chinesischen Kaiser nach Okinawa geschickt wurde, in Tomari - damals noch ein kleines Fischerdorf, heute ein Stadtteil von Naha. Während seines Aufenthaltes in Tomari lehrte er die Kriegern eine Kata des chinesischen Kenpo. Nachdem Wanshu Okinawa wieder verlassen hatte, übten die Dorfbewohner die Kata weiter und benannten sie nach ihm. Noch heute wird die Kata Wanshu im Tomari-Te praktiziert.

„**Kusanku**" ist ein weiterer Meister des chinesischen Kempo, der in den Aufzeichnungen erwähnt wird. Kusanku und einige seiner Schüler reisten im Jahre 1756 nach Okinawa und lehrten chinesisches Kempo. Darüber wird bereits im Jahre 1762 im Oshima Hikki (大島筆記) berichtet. Das Oshima Hikki wurde von Tobe Yoshiteru (戸部良熙), einem Japaner der auf den Ryukyu-Inseln Schiffbruch erlitt, geschrieben. Dies ist das erste Mal, dass in einer japanischen Aufzeichnung das Karate von Okinawa erwähnt wird. Genauso wie Wanshu, ist der Name Kusanku als Name einer Shuri-Te Kata bis heute erhalten geblieben.

„Furuherin", die Höhle in der chinesische Schiffsbrüchige zunächst Unterschlupf fanden und später hier Karate lehrten

Es sind noch weitere Personen bekannt, die ihr Leben der Kampfkunst auf Okinawa gewidmet haben. „**Sakugawa Shungo**", der Shuri-Te ausübte, ging 1755 nach China um das chinesische Kempo zu erlernen. Er hatte viele Anhänger, so z.B. Makabi Chokei, Ukuta Satounushi, Matsumoto Chikudon Pechin, Morishima Oyakata und Ginowan Choho. Später im neunzehnten Jahrhundert, gab es viele Meister innerhalb der Shuri-Te Schule. Unter ihnen ist „**Matsumura Sokon**", der für seine außerordentlichen Fähigkeiten bekannt war. Wichtig waren auch „**Itosu Anko**", der das Shuri-Te auf Okinawa verbreitete und „**Matsumora Kosaku**", ein Meister des Tomari-Te, der dies verbreitete.

Der Gründer des Naha-Te „**Higaonna Kanryo**" Sensei ging im Jahr 1875 nach China in die Provinz Fukien um die chinesischen Kampfkünste zu studieren und verbrachte dort einige Jahre.[2]

---

[2] Der genaue Zeitraum des Aufenthalts in China von Higaonna Kanryo liegt im Verborgenen. Einige Forscher wie Higaonna Morio, Patrick McCarthy, Jo Swift, Mario McKenna und andere machen hier jeweils unterschiedliche Zeitangaben. Nach Tokoashiki Iken, 9. Dan Gôjû Ryu vom Gohaku-kai in Okinawa ist das Datum von Higaonnas Rückkehr nach Okinawa der 18.09.1877. Dies würde allerdings bedeuten, dass Higaonna lediglich drei

Es existierten also drei verschiedene Arten von „Te" in Okinawa, Tomari-Te, Shuri-Te und Naha-Te. Sie wurden einfach nach den Dörfern benannt, in denen sie praktiziert wurden. Allgemein wurden sie als „Todei" oder „Karate", in chinesischen Schriftzeichen „唐手 " geschrieben, was „Chinesische Hand" bedeutet.

Es ist jedoch wichtig anzumerken, dass diese drei Dörfer sich in unmittelbarer Nachbarschaft befanden. Der Unterschied war nicht die Art und Technik an sich, sondern der Schwerpunkt des Trainings.

Betrachtet man die oberflächlichen Unterschiede, dann sind alle Kampfkünste auf Okinawa ein und dasselbe in ihren Methoden und Zielen. Dies spiegelt die Tatsache wider, dass alle Kampfkünste von Okinawa den gleichen Zweck, nämlich die „Selbstverteidigung" haben.

Jahre in China blieb und so nur die Zeit hatte einige Basistechniken und vielleicht die Form Happoren von Ryuru Ko zu erlernen.

Die Entstehung des Naha-Te

Während der ersten Hälfte des 20. Jahrhunderts wurden die Namen der verschiedenen Karatestile geändert. Die Stile, die als Shuri-Te und Tomari-Te bekannt waren, wurden unter dem Namen Shorin Ryu zusammengefasst. Aus dem Naha-Te entstand später das Goju Ryu. Der Name Goju (hart und weich) wurde vom Gründer des Goju Ryu, Miyagi Chojun Sensei, im Jahr 1931 ausgewählt.

1933 wurde das Okinawa Karate durch das japanische Kampfkunst Komitee, der „Butoku-Kai", als japanische Kampfkunst anerkannt. Bis 1935 wurde Karate auf Chinesisch „唐手" geschrieben. Im Jahre 1935 versammelten sich die Meister der verschiedenen Stile des Okinawa Karate, um ihrer Kunst einen neuen Namen zu geben.

Sie beschlossen, ihre Kunst nun Karate, in chinesischen Schriftzeichen 空手 (leere Hand oder waffenlose Verteidigung) geschrieben, zu nennen. Einige Meister nannten ihre Kunst von nun auch „Karate-Do", „der Weg des Karate".

Später wurden noch mehrere Stile entwickelt. Aus dem Shorin Ryu entwickelten sich mehrere leicht unterschiedliche Stile. Goju Ryu blieb im Wesentlichen stilistisch unverändert. Auf dem japanischen Festland verbreitete sich das Goju Ryu in einer Organisation namens Goju Kai. Ein weiterer Stil entwickelte sich durch die Kombination von Goju Ryu und Shorin Ryu zu einem neuen Stil dem „Shito Ryu".

Karate ist heute nicht mehr eine exklusive Kampfkunst von Okinawa. Karate ist seit langem fest als Kampfkunst in Japan und in der internationalen Kampfsportgemeinschaft etabliert. Infolgedessen hat die Verbreitung des Karate zu Abweichungen in den Methoden und Zielen geführt.

Die vier Hauptschulen des Karate in Okinawa

Diese vier Schulen (流派) wurden während der Showa-Ära (1926-1989) benannt.

Naha-Te →	Goju Ryu 剛柔流	Gegründet von Miyagi Chojun
Shuri-Te	Shorin Ryu 小林流	Gegründet von Chibana Choshin
Tomari-Te →	Matsubayashi Ryu 松林流	Gegründet von Nagamine Shoshin
Chinesisches Kempo →	Uechi Ryu 上地流	Gegründet von Uechi Kanbun, der chinesisches Kempo von 1897 bis 1947 praktizierte.

Heutzutage gibt es mehr als 100 Schulen und Filialen, die sich oft nur in wenigen Details unterscheiden und über 430[3] Dojo in Okinawa.

Aus den Schulen Shuri-Te, Naha-Te und Tomari-Te entwickelten sich in der frühen Meiji-Ära die großen Stile des heutigen Karate in Okinawa:

1. Shuri-Te: Shorin Ryu (Kobayashi Ryu), Shorin Ryu (Sukunai Hayashi Ryu), Shorinji Ryu
2. Naha-Te: Goju Ryu
3. Tomari-Te: Matsubayashi Ryu
4. Uechi Ryu
5. Ryuei Ryu
6. Motobu Ryu (Motobu Udundi)
7. Shorin Ryu Matsumura Seito
8. Isshin Ryu

---

[3] Okinawa Karatedo Kobudo no Shinzui by Hokama Tetsuhiro

Michi – Karate - Kobujutsu
© Hokama Tetsuhiro, PhD in Karate
10. Dan Hanshi Goju Ryu Karatedo und Okinawa Kobudo

In den Jahren um 1850 wurde eine Gruppe von Praktizierenden des Naha-te in der Kampfkunst Szene in Okinawa aktiv. Darunter waren Pioniere wie Tomura, Maesato, Kuniyoshi Seiko, Maeda, Ikemiyagi, Arakaki, Gushi, Nagahama, Higa, Senaha und andere. Diese Gruppe beeinflusste das Karate von Higaonna Kanryo und sie lehrten ihn Kata wie Seisan, Shisochin, Suparinpei und andere. In anderen Worten gesagt, Higaonna Kanryo war nicht der Gründer Naha-te. Bevor er nach China ging gab es bereits Kampfkunstpraktiker in Naha.

Am 9.06.1867 fand ein Fest, für den letzten Sappushi (册封)[4], Xhao Xin im Uchaya-Udun in Sakiyama statt, der kam, um König Sho Tai auf dem Thron zu sehen. Bei den Kampfkunst-Vorführungen wurde *Suparinpei* durch Tomura Chikdun Peichin, *Kumite* durch Arakaki Tsuji Peichin und Maeda Chikudun Peichin sowie *Kurumanbo* durch Ikemiyai Shusai demonstriert. Darüber hinaus wurden *Tinpei*, *Sai* und *Karate* vorgeführt.

Der letzte König von Ryukyu Shō Tai regierte vom 08.06.1848 bis zum 11.03.1879, danach wurde die Monarchie in Shuri wurde abgeschafft und der abgesetzte König Shō Tai (03.08.1843 – 11.08.1901) wurde gezwungen sich nach Tokio zu gehen. Als Entschädigung erhielt er den Rang eines Markgrafen innerhalb des Meiji-Systems.

琉球王国最後の国王・尚泰王
(Wikipedia)

Miyagi Chojun schrieb: „*Das einzige Detail, das wir sicher wissen ist, dass sich während des elften Jahres (1828) der Bunsei Zeit (文政), ein chinesisches Kampfsys-*

---

[4] Der Leiter der chinesischen Delegation

tem von Fuzhou (福州市) *ausbreitete und gründlich studiert wurde. Daraus hat sich Goju Ryu Karatedo Kempo* (剛柔流唐手道拳法) *entwickelt."*

Aragaki Seisho 新垣 世璋 (1840 – 1920)

Aragaki war schnell und leichtfüßig, was ihm den Spitznamen „Maya" (die Katze) einbrachte. Er wurde auch als Aragaki-gwa bekannt, sein offizieller Titel war Aragaki Peichin (親雲上) von Kumoji in Naha.

Er kam ursprünglich aus Wakasa, ging aber nach Kumeji um die Kampfkünste zu studieren und zu trainieren. Zu seinen Lehrern zählten Yabu Peichin (ursprünglich als Hokama bekannt) und Wai Shinzan der aus China stammte.

Es wird berichtet, dass er einmal bei der Ukanshin Feier im Palast von Sakiyama seine Spezialität die Kata Unshu aufgeführt hat. Zu seinen besten Schülern zählten Higaonna Kanryo und Kuniyoshi Seiko.

Alte Geschichten über die kriegerische Tapferkeit drehen sich oft um das „Tug-of-War" (Tauziehen) in Naha, wo die Teams sich darüber stritten, wer tatsächlich gewonnen hatte. Aragaki war der Anführer des Ost-Teams während der Zeit dieser Auseinandersetzungen in Wakasa. Es wird auch gesagt, dass er einen 6-Fuß langen Stock zur Abwehr gegen Angriffe mit Speer und Hellebarde aus allen Winkeln benutzte. Sein Stab wurde ausgestellt, um seiner Geschicklichkeit und seinem Mut zu gedenken.

Higaonna Kanryo 東恩納寬量先生 (10.03.1853 - 23.12.1915)

Higaonna Kanryo東恩納寬量先生wurde am 10.03.1853 in Naha als viertes Kind von Higaonna Kanyo und dessen Frau Makamado geboren. Higaonna Sensei gehörte zum unteren Adel. In seiner Jugendzeit lebte Higaonna in Nishimura und wurde Machu genannt. Obwohl Higaonna für sein Alter immer klein war, sollen seine Bewegungen schnell und sein Körper außergewöhnlich geschmeidig gewesen sein. Schon in seiner Kindheit hatte Higaonna ein großes Interesse an der Kampfkunst und war begierig alles darüber zu erfahren.

Der Vater von Higaonna besaß drei kleinere Segelschiffe, „Yanbarusen" やんばる船 genannt und lebte vom Handel.

Er segelte in den Norden von Okinawa und zu den Inseln Oshima, Kadaka, Kerama, Iheya und Yaeyama, verkaufte dort seine Fracht und kaufte Brennholz ein, welches er dann in Naha wiederverkaufte. Manchmal arbeitete er auch auf größeren Handelsschiffe, den Shinkosen, um sein Einkommen zu verbessern.

Bereits im Alter von 10 Jahren half Kanryo seinen Vater bei der Arbeit auf den Yanbarusen. Die Arbeit war anspruchsvoll und anstrengend. Als Folge entwickelte Kanryo außergewöhnliche Stärke in seinen Armen, Rumpf und Beinen.

Der Vater von Kanryo, Kanyo unternahm häufige Fahrten an Bord einer Shinkosen nach China und während dieser Reisen, lernte er viele der politischen Gesandten und Kaufleute kennen, die zwischen den beiden Ländern reisten und befreundete sich mit einigen. Nach der Rückkehr von seinen Reisen erzählte Kanyo außergewöhnliche Geschichten von den Wundern in China, von der chinesischen Kultur und auch Geschichten über mystische Kampfkünste.

Im Alter von 17 Jahren begann Kanryo bei Aragaki Seisho mit dem Training der Kampfkunst und setzte dies später unter Kojo Taitei, Wai Shinzan und Ryu Ryuko fort.

Im November 1874, am Alter von 22 Jahren, verließ Higaonna Kanryo als Gehilfe von Udun Yoshimura Okinawa und reiste auf einem Schiff nach China. Durch günstige Winde, kam das Schiff in der chinesischen Hafenstadt Fuzhou nach nur acht Tagen an. In Fuzhou, blieb Higaonna fast ein Jahr in der okinawanischen Siedlung „Ryukyu-kan". Durch die Verwaltungsbeamten der Ryukyu-kan wurde Higaonna nach einem Jahr einem Meister des chinesischen Kempo, Ryu Ryuko vorgestellt.

Nachdem er als Schüler von Meister Ryu Ryuko angenommen war, half Higaonna seinen Meister am Tage beim Handel mit dem Bambus. Das Training fand nach Einbruch der Dunkelheit statt und es begann mit der Kata Sanchin. Danach wurden die Nigiri-game benutzt und Unsoku-ho geübt. Diese Übung wurde praktiziert, um den Griff der Schüler zu stärken, während sie die richtigen Fußbewegungen entwickelten. Es folgten Übungen mit dem Chi-Ishi und dem Ishi-Sashi und wurde dann mit dem Makiwara fortgesetzt, wo die Ellbogen, Fäuste, Handkanten und die Handballen trainiert wurden. Laut Morio Higaonna sollen auch Nahkampf- und Würgetechniken in einem großen Bambuskorb, genannt Uki, geübt worden sein.

Von Meister Ryu Ryuko lernte Higaonna den Stil des singenden Weißen Kranichs, Minghe Chuan (鳴鶴拳). Nach 15 Jahren harter Ausbildung, war Higaonna der geschickteste Schüler von Meister Ryu Ryuko. Nach dieser Zeit der harten Ausbildung verließ Higaonna China, um nach Okinawa zurück zu gehen.

Der genaue Zeitraum des Aufenthalts von Higaonna in China liegt im Verborgenen. Einige Forscher, Morio Higaonna, McCarthy, Jo Swift McKenna und andere machen hier jeweils unterschiedliche Zeitangeben. Morio Higaonna schreibt von 15 Jahren (1877-1892), McCarthy von nur 9 Jahren (1877-1883), Dr. Hokama Tetsuhiro von 12 Jahren (1876 – 1876). Für Tokoashiki Iken, ist der 18.09.1877 das Datum der Rückkehr von Higaonna nach Okinawa. Dies würde allerdings bedeuten, dass Higaonna lediglich drei Jahre in China geblieben wäre und lediglich Zeit gehabt hätte einige Basistechniken und vielleicht die Form Happoren zu lernen.

Unmittelbar nach seiner Rückkehr, besuchte Higaonna Yoshimura, der ihm geholfen hatte nach China zu gehen. Yoshimura war sehr beeindruckt als er sah, dass Higaonna zu einer bescheidenen Person, mit gediegenem Charakter herangewachsen war. Yoshimura bat Higaonna seinen Söhnen einige der Fähigkeiten zu lehren, die er in China gelernt hatte. Der zweite Sohn von Yoshimura, Yoshimura Choki hatte ein großes Interesse an den Kampfkünsten und praktizierte diese eifrig.

Higaonna war bescheiden und still und sprach nie von seiner eigenen Geschicklichkeit und seinen Abenteuern als Kampfkünstler. Für kurze Zeit nach seiner Rückkehr arbeitete er in seinem alten Job als Händler auf einem Boot. Aber Matrosen, Kaufleute und Regierungsbeamte, die in China gewesen waren sprachen über seine Fähigkeiten. Darum kamen viele und fragten, ob sie seine Schüler werden könnten. Allerdings blieben nur wenige, da sein Training sehr hart war.

In Februar 1889 eröffnete Higaonna in seinem Haus in Nishimachi ein Dojo und fing an, seine Kunst ohne Gebühren zu lehren.

Im Jahr 1905 begann Higaonna an einem öffentlichen Gymnasium in Naha, im Auftrag des Rektors, zweimal pro Woche zu unterrichten. Higaonna unterrichtete den Gymnasiasten sowohl die körperlichen wie auch die geistigen Werte seiner Kunst.

Higaonna Sensei starb am 23.12.1915

Okinawa Prefectural Museum & Art Museum Radierung um 1853

Kommodore Perry und Offiziere seiner Flotte versammeln sich am 06. Juni 1853 vor dem Shurei mon und bereiten sich vor den König zu treffen. Shurei mon, das Tor zum Königspalast, verkündet Ryukyu als das „Land des Anstands" 守禮之那.

„Ich begegnete Hokama Sensei zum ersten Mal im August 1999 anlässlich der ersten Gedenkveranstaltung für Matayoshi Shinpo Sensei in Naha/Okinawa. Ich war sofort tief beeindruckt, begeistert und ich wusste sofort, dass ich unter seiner Anleitung Karate lernen möchte."

Der Autor zusammen mit Dr. Hokama Tetsuhiro, 10. Dan Goju Ryu Karate-Do Kobudo am Gedenkstein für Higaonna Kanryo und Miyagi Chojun im Matsuyama Park 松山公園 in Kume/Naha, 2008.

Kyoda Juhatsu 許田 重発先生 (05.12.1887 – 31.08.1968)

Quelle: Okinawa Prefecture Karate Museum by Dr. Hokama Tetsuhiro

Kyoda Juhatsu wurde am 5. Dezember 1887 (Meiji 20) geboren und begann 1902, mit 15 Jahren das Quan'fa aus Fujian bei einem Bekannten seines Vaters, Higaonna Kanryo zu erlernen. Ein Monat später begann auch Miyagi Chojun bei Higaonna, kurze Zeit später kam Mabuni Kenwa hinzu.

Kyoda schloß die erste Mittelschule der Präfektur ab und später das Lehrerkolleg der Präfektur von Okinawa. Er unterrichtete danach als Lehrer an der Grundschule in Tomari und Koshin und ging als Direktor in den Ruhestand.

1934 erhielt Kyoda seine Kyoshi Lizenz von der Okinawa Filiale der Dai Nippon Butokukai. Er unterrichtete auch Karate an der zweiten Mittelschule der Präfektur (1932).

Seine bekanntesten Schüler waren Iraha Choko und Izumikawa Kanki (1908 - 1967) vom Senbukan.

Kyoda Juhatsu starb im Alter von 81 Jahren am 31. August 1968 (Showa 43) in der Präfektur Oita. Dort lebte er auch zusammen mit seinem Sohn Juko im 2ten Stock der Telefon- und Telegrafengesellschaft seit 1944.

Im Gegensatz zu Miyagi, erhielt Kyoda auch Unterricht in der Verwendung von chinesischen Waffen wie etwa dem Speer oder des Breitschwerts.

Von Yabu Kentsu lernte Kyoda die Kata Jion, die er später in seinem eignen Stil, den er To'on-Ryu nannte, unterrichtete.

Kyoda lernte eine Version der Kata Seisan von Higaonna Kanryo und eine weitere Form der Seisan von Higaonna Kanyu.

Kyoda Juhatsu
Lehrer für Kaligrafie

Yamashiro Seichu

Iraha Choko
Schuldirektor und Schüler von Kyoda

Quelle: Okinawa Prefecture Karate Museum by Dr. Hokama Tetsuhiro

Go Kenki, 1886 – 1940 (Wu Hsienhui 呉賢貴)

Go Kenki kam 1912, im Alter von 26 Jahren aus Fuzhou nach Okinawa. Er wird oft als ein Meister der Weißen Kranich Boxen bezeichnet, aber aller Wahrscheinlichkeit nach waren es die Stile des Singenden oder Fliegenden Kranichs, in denen er kompetent war.

1919 nahm er nach der Heirat mit der Okinawanerin Yoshikawa Makoto den japanischen Namen seiner Frau (Yosekawa bzw. Yorikawa) an. Er ist jedoch unter dem Namen Go Kenki in der Welt der Kampfkunst bekannt geworden.

Quelle: Okinawa Prefecture Karate Museum by Dr. Hokama Tetsuhiro

Er betrieb während der Teisho Era (1912.07.30 - 1926.12.25) bis 1940 ein Teehandelshaus in Higashi-machi in Naha. Er hatte ein gutes Verhältnis zu Miyagi Chojun Sensei und anderen Karatelehrer jener Zeit. Zunächst lehrte er seine Kunst an Aniya Seisho einem Mitarbeiter seiner Firma, aber bald wurden seine Fähigkeiten bekannt und er freundete sich mit vielen Goju Ryu Praktizierenden an. Für seinen Unterricht bekam er von jedem seiner Schüler ein rohes Ei. Weitere Schüler während dieser Zeit waren Yabu und Medoruma.

Er lehrte die Kranichform Nepai (Nipaipo) seinen Schülern Kyoda Juhatsu und Mabuni Kenwa. Wu hinterließ auch die Hakutsuru Kata, traditionelle chinesische Medizin und Erklärungen der Techniken im Bubishi der Nachwelt.

Go Kenki war ein Freund von Uechi Kanbun und Miyagi Chojun. Mit Miyagi reiste er im Mai 1915 nach China, um den Lehrer von Higaonna Kanryo zu treffen. Durch Go Kenki konnte Miyagi 1936 auch den bekannten Meister des Luohan Quan, Miao Xing (1881-1939), in Shanghai treffen.

Go Kenki beeinflußte mehrere Karatestile (Goju Ryu: Miyagi Chojun, To'on-Ryu: Kyoda Juhatsu, Shito Ryu: Mabuni Kenwa) sowie das Kobudo von Matayoshi Shinpo.

„Go Kenki" in der Mitte sitzend, rechts neben ihm stehend „Aniya Seisho", andere Personen noch unbekannt.
Quelle: Okinawa Prefecture Karate Museum by Dr. Hokama Tetsuhiro

Miyagi Chojun 宮城長順先生 (25.04.1888 ~ 08.10.1953)

Quelle: Okinawa Prefecture Karate Museum by Dr. Hokama Tetsuhiro

Miyagi Chojun Sensei wurde am 25. April 1888 in Higashimachi in Naha geboren. Die Familie Miyagi war wohlhabend und gehörte dem unteren Adel, Kakyuu Shizoku （下級士族）an. Die Familie Miyagi besaß zwei Handelsschiffe und beschäftigte sich mit dem Import von Medizin aus China, die sie sowohl staatlichen Stellen wie privaten Käufern anbot. Die Familie war eine der reichsten in Naha.

Das Familienoberhaupt war Chojuns Großvater. Weder Chojuns Vater, Chosho als dritter Sohn, noch Chojun selbst konnten unter normalen Umständen, das Familienoberhaupt werden. Dies änderte sich jedoch, als der erste Sohn, Chohatsu, ohne Erben starb.

Miyagi Chojun war fünf Jahre alt, als er ausgewählt wurde, die Position des erstgeborenen Sohnes anzunehmen.

Daraufhin musste er im Haus seiner verwitweten Tante leben. Auf diese Weise wurde Miyagi Chojun der Nachfolger der Familienlinie. Seine Adoptivmutter sah die Notwendigkeit, dass er sowohl körperliche wie geistige Kraft braucht um seine Aufgabe zu meistern.

Quelle: Karateverein Thalheim

Als Miyagi Chojun 11 Jahre alt war, brachte ihn seine Adoptivmutter zu einem Karate-Meister namens Aragaki Ryuko (1875-1961). Im Dojo von Aragaki Ryuko Sensei trainierte Miyagi hauptsächlich mit dem Makiwara, Chi-Ishi und Nigiri-game, die zur Stärkung und Entwicklung der Muskeln dienten und Unsoku-ho (Übungen zur Veränderung des Schwerpunktes). Als Miyagi 14 Jahre alt war, stellte Aragaki seinen jungen Schüler seinem Freund, Higaonna Kanryo Sensei vor.

Miyagi Chojun wurde von Higaonna Kanryo im Jahr 1902 als Schüler angenommen. Higaonna war zu diesem Zeitpunkt 49 Jahre alt.

Obwohl Aragaki Miyagi von der Härte des Trainings bei Higaonna gewarnt hatte, übertraf die Ausbildung alles, was sich Miyagi vorgestellt hatte, und er wollte mehr als einmal aufhören.

Eine Anekdote erzählt, dass Miyagi manchmal bis zur Bewusstlosigkeit die Sanchin Kata geübt haben soll, so hoch müssen sie Anforderungen von Higaonna gewesen sein. Auf diese Weise trainierte Miyagi für 13 Jahre, bis zum Tod von Higaonna 1915.

Higaonna Kanryo hatte Miyagi gesagt: "Bevor du stirbst, mußt Du nach China gehen und Fuzhou mit deinen eigenen Augen sehen ". Darum ging Miyagi noch im gleichen Jahr, indem Higaonna starb, nach China. In der Stadt Fuzhou in der Provinz Fujian, versuchte Miyagi den Ort zu finden, an dem Ryu Ryuko seinen Dojo hatte und wo Higaonna für viele Jahre trainiert hatte. Schließlich fand er die Stelle, aber alles, was noch übrig war, war die Außenwand ohne eine Spur, weder vom Dojo noch vom Haus von Ryu Ryuko. Miyagi begegnete einen alten Mann, der ein ehemaliger Schüler von Ryu Ryuko war. Dieser sagte ihm, dass während der Revolution fast alle Kampfkünstler, um der Verfolgung zu entgehen, aus der Provinz Fujian nach Singapur oder Malaysia geflohen waren. Auch nach der Revolution, seien sie nicht zurückgekehrt und falls doch lebten sie nun im Untergrund.

Miyagi blieb zwei Monate in Fuzhou. Mit Hilfe des alten Mannes konnte er sehr viele Informationen über Ryu Ryuko, dessen Herkunft, seine Trainingsmethoden, die

Kata und die benutzten chinesischen Schriftzeichen, sammeln. Diese Informationen gingen aber leider während des Zweiten Weltkriegs verloren.

Nach seiner Rückkehr begann Miyagi zu unterrichten und setzte sein eigenes Training und seine Forschung fort. Er war nun 27 Jahre alt. In China hatte er bereits die Kata Rokkishu gesehen und zwischen 1917 und 1921 führten seine Forschungen zur Entwicklung der Kata Tensho. Zur gleichen Zeit entwickelte er auch die Junbi Undo (Vorübungen). Diese wurden mit wissenschaftlicher Präzision und durch Konsultationen mit Ärzten entwickelt. Der Sinn dieser Übungen ist es, die Entwicklung von Techniken zu unterstützen, während sich die Schüler auf die Kata vorbereiten.

Im Jahre 1921 machte der damalige Kronprinz Hirohito einen Zwischenstopp auf seiner großen Europareise in der Nakagusuku Bucht auf Okinawa. Es wurde eine große Zeremonie zu Ehren des Kronprinzen abgehalten. Bei dieser Zeremonie wurden Vorführungen des Naha-te und Shuri-te von den besten Kampfkünstlern jeder Schule gegeben. Miyagi Sensei führte die Kunst des Naha-te vor dem Kronprinzen vor. Dieser war von den Leistungen sehr beeindruckt und auch davon, dass die Kampfkunst auf so einer kleinen Insel wie Okinawa so hoch entwickelt war.

1925 wiederholte er diese Vorführung für Prinz Chichibu. 1926 mit 38 Jahren entschloss er sich das Studium des Karates zu vertiefen und gründete zusammen mit Chomo Hanashiro (花城 長茂) vom Shuri-Te, Kenwa Mabuni (摩文仁 賢和) vom Shito Ryu und Motobu Choyu (本部朝勇) vom Shorin Ryu, drei der führenden Karateka auf Okinawa, in Wakasa cho, Naha, den Karate Kenkyu Club (沖縄空手研究会), einen Verein zur Erforschung des Karates. Im Vordergrund standen nicht nur die bekannten Methoden, wie Basistechniken, Fitness und Kata, sondern auch philosophische Aspekte.

Im Jahr 1927, besuchte der Begründer des Judo, Kano Jigoro (嘉纳治五郎), auf Einladung des Okinawa Judo Yudansha Kai, Okinawa zum ersten Mal. Bei der Zeremonie die zu Ehren Kanos abgehalten wurde, gab Miyagi eine Demonstration von Karate Kata. Kano war sehr von der Leistung von Miyagi beeindruckt. Nach der Vorführung erklärte Miyagi, dass es auch Nage Waza 投技 (Wurftechniken), Shime Waza 絞技 (Würgetechniken) und Gyaku Waza (Hebeltechniken) im Karate gibt. Miyagi erklärt, dass die richtige Atmung besonders wichtig ist bei der Ausführung dieser Bewegungen. Kano war tief beeindruckt von den fortgeschrittenen Techniken und Raffinesse des Karate.

1930 beim Butoku-Sai Turnier, 1932 beim Sainei Budo Turnier und bei vielen anderen wichtigen japanischen Kampfkunstturnieren wurde Miyagi gebeten, die Okinawanische Kunst des Karate zu demonstrieren.

Aufgrund des Einflusses von Kano hatte Miyagi die Möglichkeit das Okinawa Karate bei vielen der führenden japanischen Kampfkunstturniere, die von der Regierung gesponsert wurden, vorzuführen.

Am 5. Mai 1930 wurde das All Japan Martial Arts Turnier im Meiji-Schrein in Tokio, anlässlich der Krönungszeremonie für Kaiser Hirohito, abgehalten. Miyagi hatte eine Einladung erhalten, bei dieser Veranstaltung eine Demonstration durchzuführen. Miyagi schickte seinen besten Schüler, Shinzato Jin'an nach Tokyo. Nachdem Shinzato die Kata Sanchin und Seisan vorgeführt hatte, wurde er von einem Kobudomeister nach dem Namen seines Stils gefragt. Damals gab es keine Notwendigkeit für Miyagi seinem Stil einen Namen zu geben. Shinzato wollte nicht verlegen sein und improvisierte den Namen Hanko Ryu 半硬流 („Halb-harter Stil").

Nach seiner Rückkehr nach Okinawa berichtete er diesen Vorfall Miyagi Sensei, der über diese Sache viel nachdachte. Er erkannte, dass es wichtig für seinen Stil ist, einen formellen Namen zu haben, besonders damit sein Stil von den Japanern als ebenbürtige Kampfkunst wie Judo und Kendo anerkannt und respektiert wird.

Im Bubishi gibt es die acht Gedichte der Faust (Kempo Haku) 拳法八句. Eine Zeile aus einem dieser Gedichte lautet „Ho Go Ju Don To" 法剛柔吞吐, „Der Weg des Ein- und Ausatmen ist hart und weich". Angesichts der Art des Stils, mit seinen harten und weichen Techniken und dem Schwerpunkt auf der Atmung, schien „Goju" der ideale Name zu sein.

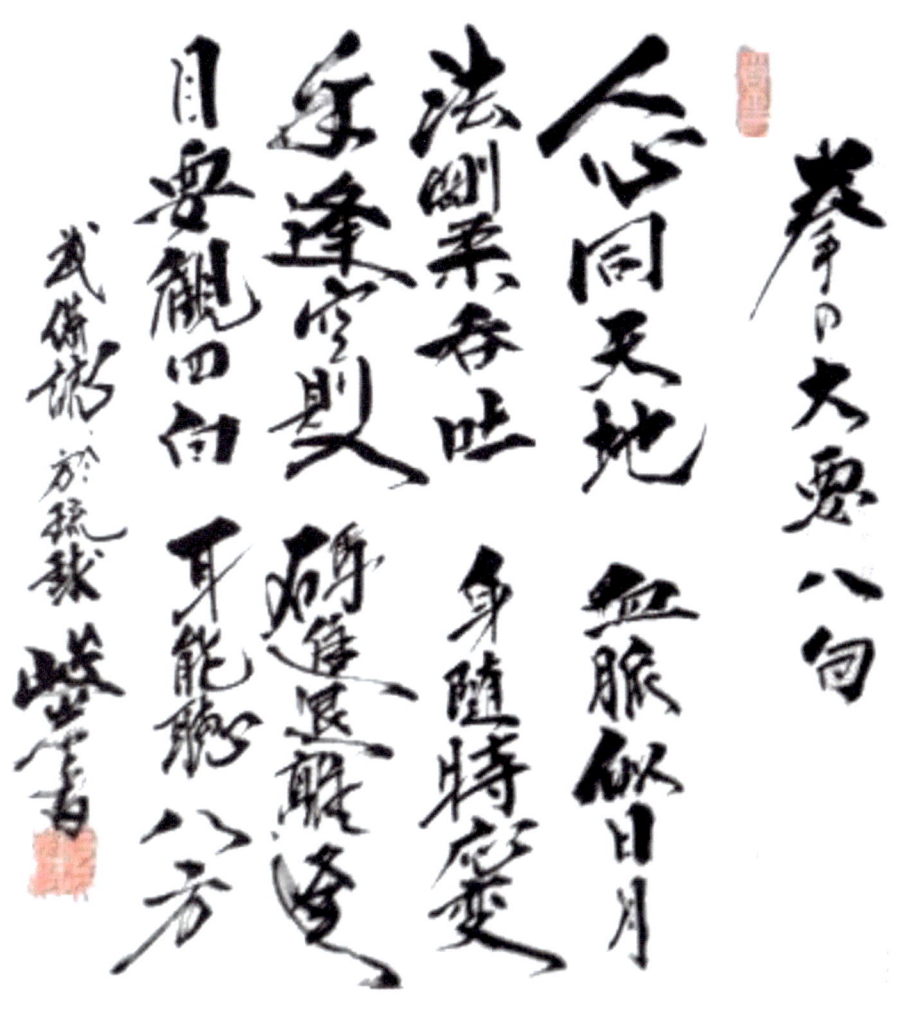

© Hokama Tetsuhiro, PhD in Karate
10. Dan Hanshi Goju Ryu Karatedo und Okinawa Kobudo

人心同天地 *1. Jinshin wa tenchi ni onaji.* Der Geist ist eins mit Himmel und Erde.	血脈似日月 *2. Ketsumyaku wa nichigetsu ni nitari.* Der Kreislaufrhythmus des Körpers ist ählich dem Zyklus der Sonne und dem Mond.
法剛柔吞吐 *3. Ho wa Goju no donto su.* Der Art und Weise des Ein- und Ausatmen ist Hart und Weich.	身隨時應變 *4. Mi wa toki ni shitagai hen ni ozu.* Handle in Übereinstimmung mit Zeit und der Veränderung.
手逢空則入 *5. Te wa ku ni ai sunawachi hairu.* Techniken erfolgen in Abwesenheit des bewussten Denkens.	馬進退離逢 *6. Shintai wa hakarite Riho su.* Die Füße müssen vor und zurück, sich trennen und treffen.
目要視四向 *7. Me wa shiho wo miru wa Yosu.* Die Augen müssen in alle vier Richtungen schauen. Keien Veränderung verpassen	耳能聽八方 *8. Mimi wa yoku Happo wo kiku.* Die Ohren hören in alle acht Richtungen.

打つときは打ち砕け！
打たれたら引き返せ！

© beim Autor

Utsu toki wa uchikudake!
Uta retara hikikaese!   Miyagi Chojun Sensei
„Wenn Du geschlagen wirst, schlage zurück!
Wenn Du schlägst, schlage um zu zerstören!"

Das Grabmal von Miyagi Chojun Sensei

Im Jahr 1933 wurde die Kunst von Miyagi Sensei offiziell als "Goju Ryu" von der Butoku-kai 大日本武徳会, der japanischen Kampfkunst Vereinigung, registriert. 1934 wurde Miyagi der Leiter des ständigen Ausschusses der Filiale der Butoku-kai in Okinawa.

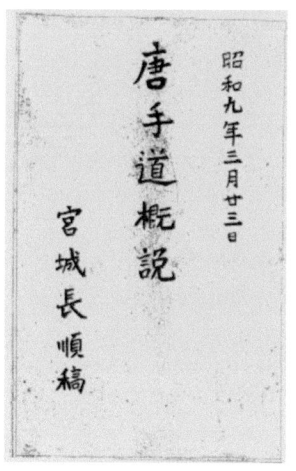

Im April 1934 wurde Miyagi von einem Zeitungsverlag auf Hawaii eingeladen, nach Hawaii zu kommen, um dort Karate einzuführen. Er verbrachte 10 Monate auf Hawaii bevor er nach Okinawa zurückkehrte. Ebenfalls 1934 erhielt er vom Ministerium für Bildung eine Auszeichnung für herausragende Leistungen auf dem Gebiet der Körpererziehung. Am 23. März veröffentlichte Miyagi seine Schrift „Karate-Do Gaisetsu" 唐手道概説.

1936 unternahm Miyagi zusammen mit seinem Freund Go Kenki seine zweite Forschungsreise nach China, die ihn auch nach Shanghai führte, wo er die chinesische Kampfkunst am Seibu Taiikukai 精武体育会[5] studierte.

Im Jahr 1940 entwickelte Miyagi, zusammen mit Shoshin Nagamine, dem Begründer des Matsubayashi Shorin Ryu Karate-do, seine eigenen Kata Gekisai Dai Ichi und Gekisai Dai Ni um Karate bekannt zu machen und um den Sportunterricht für die Jugend zu verbessern. Miyagi schuf ebenfalls die Kata Tensho, die die Weichheit der Technik betont und der Härte der Kata Sanchin entgegensteht. Jetzt war Goju Ryu Karate-do gegründet und begann sich zu entwickeln und auf der ganzen Welt zu verbreiten. Miyagi Chojun Sensei ist der ursprüngliche Gründer des Goju Ryu Karate-do.

Die 40er Jahre waren eine tragische Zeit in der Geschichte des Karate. Der 2. Weltkrieg brach im Jahr 1941 aus. 1944 während der letzten Tage des Krieges, musste Miyagi zusammen mit seinen Schülern die Verwüstung von Okinawa und als Folge die Armut ertragen. Miyagi verlor seinen dritten Sohn Jun und seinen ältesten Schüler Shinzato Jin'an, in der Schlacht um Okinawa. Da dies keine geeignete Zeit für das Karatetraining war, hörte Miyagi auf zu unterrichten.

1946, im Jahr nach Ende des Krieges wurde Miyagi Direktor der Vereinigung für körperliche Sporterziehung, Er begann damit Karate an der Polizeiakademie von Okinawa und am Lehrer College zu unterrichten. Im selben Jahr begann Miyagi auch Karate im Hinterhof seines Hauses in Tsuboya-cho lehren, das als das Garten-Dojo bekannt wurde. Dort trainierten unter anderen auch Miyazato Eiko, Miyazato Ei'ichi, Iha Koshin und Toguchi Sekichi unter den Schülern von Miyagi Sensei.

Miyagi Chojun Sensei verstarb in den frühen Morgenstunden des 8. Oktober 1953. Über die Todesursache existieren zwei Versionen, zum einen ein Herzanfall, zum anderen ein Gehirnschlag.

Nach dem Tod von Miyagi Chojun Sensei gründeten drei seiner Schüler ihre eigenen Schulen: Yagi Meitoku gründete den Meibu-kan, Toguchi Seikichi den Shoreikan und Miyazato Ei'ichi den Jundo-kan.

---

[5] 精 Vitalität, 武 Kampfkunst, 体育 Sport, 会 Vereinigung

Auch andere Schüler gründeten ihre eigenen Dojo und Unterströmungen. Durch seine Lehrtätigkeit in Japan und auf Okinawa wurde das System jedoch in die Hauptströmungen des Okinawa Goju Ryu und des Japanischen Goju Kai gespalten. Letzteres wurde durch Yamaguchi Gogen (genannt die „Katze") hauptsächlich aufgebaut.

Diagramm der Higaonna Linie

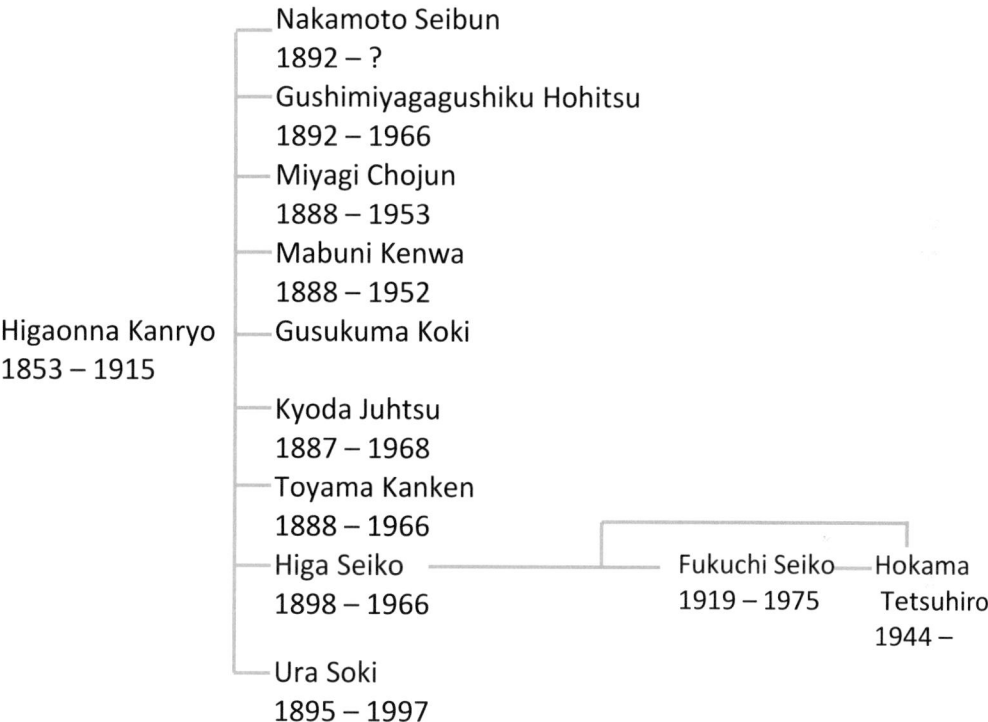

Diagramm der Goju Ryu Linie

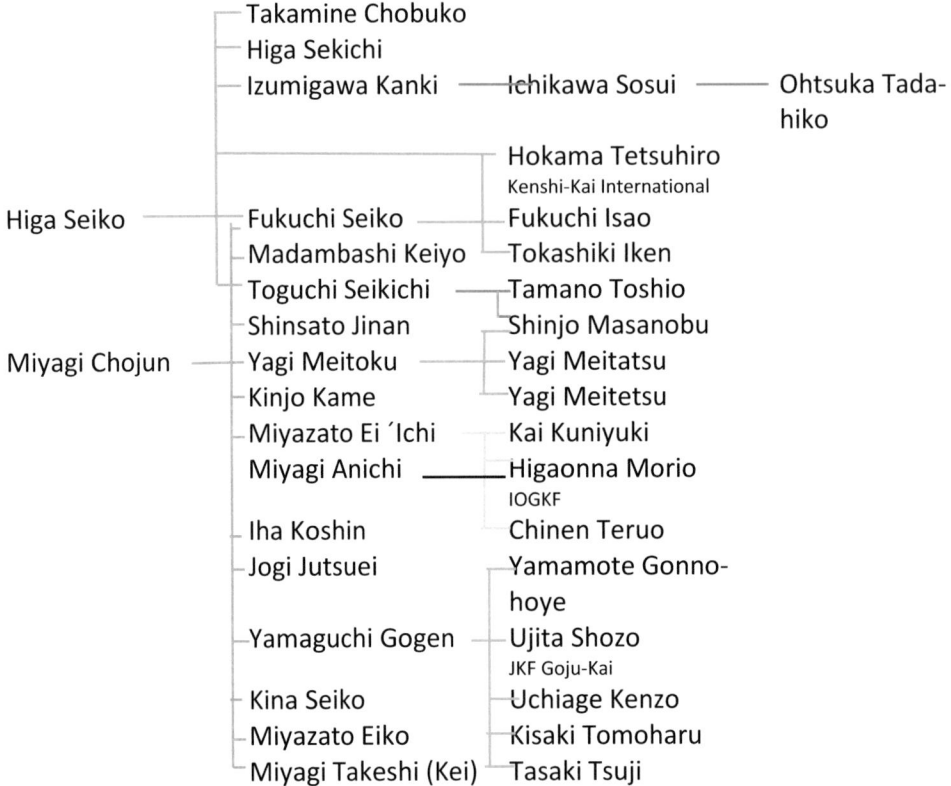

(nach Hokama Tetsuhiro Kenshi-Kai International)

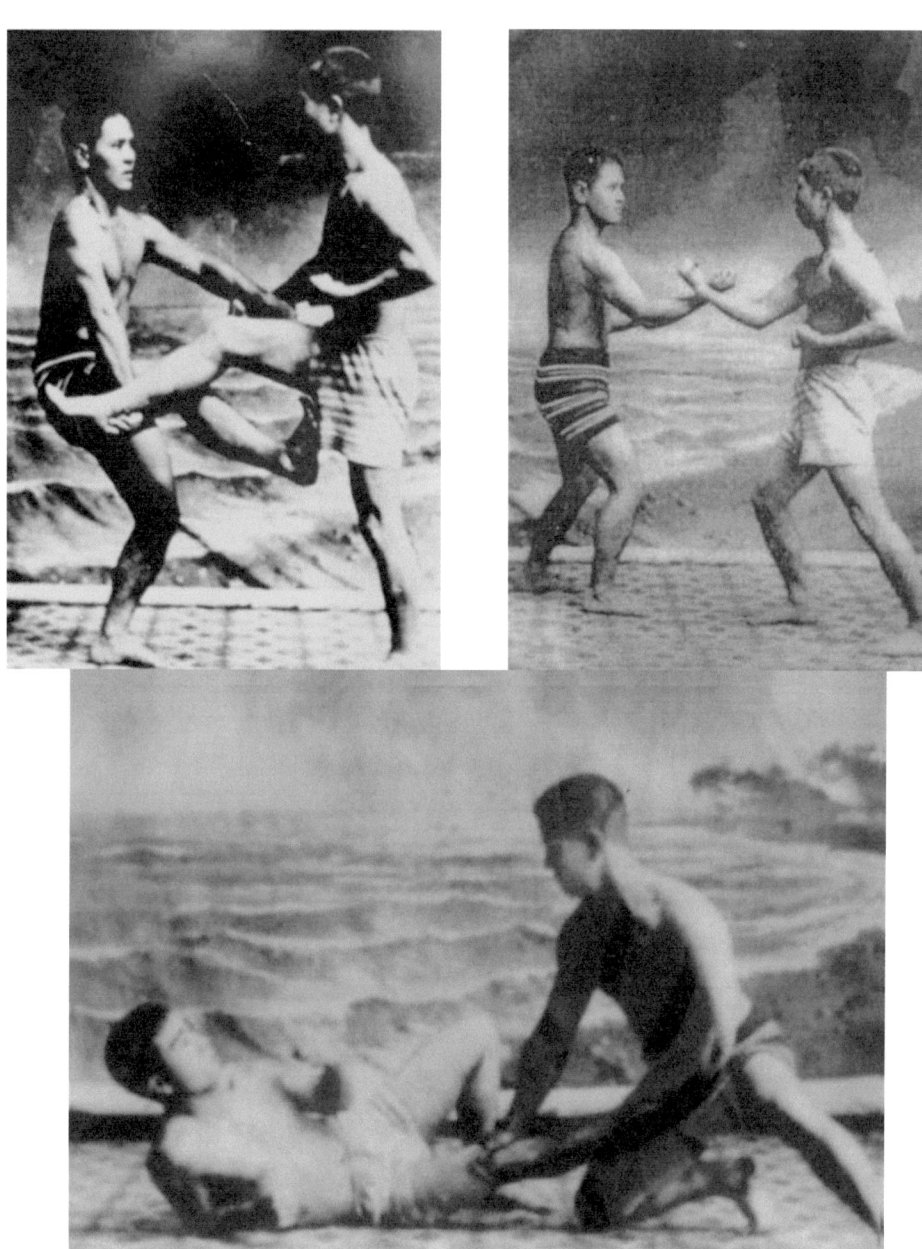

Miyagi Chojun Sensei und Kyoda Juhatsu Sensei
Quelle: Okinawa Prefecture Karate Museum by Dr. Hokama Tetsuhiro

Higa Seko 比嘉世幸先生 (08.11.1898 ~ 16.04.1966)

Quelle: Okinawa Prefecture Karate Museum by Dr. Hokama Tetsuhiro

Higa Seko wurde am 08.11.1898 geboren und begann sein Training bei Kanryo Higaonna im Alter von 13 Jahren. Nach dem Tod von Higaonna Sensei 1915, trainierte er mit Chojun Miyagi Sensei.

Er war Lehrer an der Jinjo Koto Shogakko (Grundschule) und später an der Izena Jinjo Koto Shogakko. Auf Empfehlung von Miyagi Sensei bekam er eine Anstellung bei der Polizei, zunächst in Shuri, Naha und Itoman.

Da er 1931 aufs Land versetzt wurde, verließ er 1932 die Polizei, um sich ganz der Lehre des Karate zu widmen. 1933 eröffnete er sein eigenes Dojo in Shimoizumi.

Higa Sensei war der Einzige, der von Meister Miyagi zu dessen Lebzeiten die Erlaubnis bekam sein eigenes Dojo zu eröffnen.

Von 1937 bis 1939 lehrte er auf der Insel Saipan im Südpazifik. Nach dem 2. Weltkrieg eröffnete er ein neues Dojo und unterrichtete Karate an der High-School, der Ryukyu University. Während der Sommerferien unterrichtete er darüber hinaus die Gefängnisaufseher von Naha.

1947 eröffnete Higa ein Dojo in Itoman-cho und unterrichtete auch an der Itoman Koto Gakko Karate Bu (High-School Karate Club) sowie am Ryukyu Daigakko Karate Bu (College Karate Club).

1956 wurde er der Vizepräsident der Okinawa Karate-Do Föderation und 4 Jahre später deren Präsident. 1960 erbaute er sein Dojo im Stadtteil Yogi in Naha, das er 尚道舘 „Shodokan" nannte und gründete die Kokusai Karate Kobudo Renmei.

Nach dem Tod von Higa 1966 übernahm sein Sohn Higa Seikichi (10.02.1927 ~ 13.05.1999) die Leitung des Shodokan.

Ab 1960 unterrichtete Matayoshi Shinpo Kobudo im Dojo von Higa-Sensei und auch an einigen Schülern Kingai Ryu.

Yagi Meitoku 八木明徳先生 (6.03.1912 - 07.02.2003)

Meitoku Yagi wurde am 06.03.1912 in Naha, Okinawa geboren. Seine Abstammung geht zurück auf 36 chinesischen Familien, die 1392 nach Okinawa emigrierten.

Im Alter von 14 Jahren begann er mit dem Karatetraining bei Miyagi Sensei.

1952 nach vielen Jahren des Unterrichts durch Miyagi, wurde ihm die Erlaubnis erteilt ein eigenes Dojo in Naha zu eröffnen, das er 明武舘 „Meibukan" (Haus des aufrechten Kriegers) nannte. Nach dem Tod von Miyagi wurde ihm durch die Familie Miyagi dessen Obi und Gi überreicht.

Quelle: Okinawa Prefecture Karate Museum by Dr. Hokama Tetsuhiro

Daraus leitete er auch ab, dass er der Nachfolger von Miyagi Sensei sei.

Obwohl Yagi sein Karate direkt bei Miyagi lernte, war es für ihn notwendig, den chinesischen Einfluss auf das Karate zu erneuern. Im Meibukan gibt es deshalb viele Unterschiede zu den anderen Schulen des Goju Ryu. Meitoku Yagi verstarb am 07.02.2003

Toguchi Seikichi 渡口政吉先生 (20.05.1917 - 31.08.1998)

Toguchi Seikichi wurde am 20. Mai 1917 in Naha, Okinawa, geboren. Er begann mit dem Karate Training im Alter von 16 Jahren und trainierte bis zu seinem Tod im August 1998. Im Jahre 1933, als er auf der Schule für Fischereiwesen studierte, schrieb er sich im Dojo von Higa Seiko ein. 1938 ging Toguchi nach Tokio, um dort sein Diplom als Elektroingenieur zu erwerben. In dem Moment als er nach Okinawa zurückkehren wollte, brach der zweite Weltkrieg aus. Toguchi wurde eingezogen und nach Sumatra versetzt.

Müde und krank kehrte er 1946 nach Naha zurück, wo er seine Heimat zerbombt und durch die amerikanischen Streitkräfte besetzt vorfand.

Quelle: Okinawa Prefecture Karate Museum by Dr. Hokama Tetsuhiro

Toguchi traf Miyagi völlig deprimiert an. Dieser hatte durch den Krieg einen Sohn und zwei Töchter sowie seinen Meisterschüler Jinan Shinzato verloren. Higa Seiko hatte durch den Krieg seine Frau verloren und stand ohne Arbeit vor dem Nichts. Die gesamte Inselbevölkerung hatte nur einen Gedanken: Überleben!

Toguchi entschied, dass er Miyagi und Higa seine Ehre erweisen mußte. Aus diesem Grund eröffnete er in Koza City ein Dojo mit dem Namen Shorei Kan (Schule des Respekts gegenüber der Höflichkeit und den guten Manieren) und schuf somit Platz für eine neue Methode, dem Shoreikan System.

1960 zog Toguchi nach Tokyo und errichtete im Jahre 1962 das Shorei-Kai Meguro Dojo, das er später 尚礼舘 „Shoreikan" nannte. Mit der Hilfe der Eltern seines jungen Schülers Tamano Toshio wurden sowohl ein Haus als auch ein Dojo gebaut. Von dort aus konnte Toguchi seine Arbeit beginnen und dies war auch der Ort, an dem er am 31. August 1998 verstarb. Heute ist Hashimoto Sensei Technischer Direktor des Shoreikan und Nachfolger von Toguchi.

Toguchi verstarb im Alter von 81 Jahren am 31.08.1998 in Tokyo. Er war der letzte lebende Meister von Okinawa der den Titel *Bushi* erhielt. Seine Frau Haruko lebt seit 2004 wieder auf Okinawa und fungiert als Ratgeberin für den Shorei-Kai.

Miyazato Ei'ichi 宮里栄一先生 (05.07.1922 - 11.12.1999)

Quelle: Okinawa Prefecture Karate Museum by Dr. Hokama Tetsuhiro

Miyazato Ei´ichi Sensei war bis zu seinem Tod der Vorsitzende von Okinawa Goju Ryu Karatedo. Nachdem Miyagi Chojun Sensei gestorben war, übernahm Miyazato den Unterricht im „Garden Dojo" von Miyagi Sensei Haus. 1957 eröffnete er im Asato Distrikt von Naha sein eigenes Dojo und nannte es 順道館 „Jundokan". Es ist ein dreistöckiges Gebäude, in dem er ebenfalls wohnte.

Das Dojo ist den ganzen Tag geöffnet und ständig sind Karateka beim Training. Das Training ist nicht so militärisch, wie man es in Europa kennt, ständig sind ältere Sensei anwesend und helfen den Trainierenden.

Jundokan bedeutet: „Haus, in dem man die Fußstapfen des Meisters folgt" und ist der Lehre von Miyagi Sensei's Goju Ryu Karate-do gewidmet. Miyazato Sensei war sehr aktiv beim täglichen Training im Jundokan.

Er war 10. Dan Hanshi und der Präsident der All Okinawa Karatedo Federation, der Okinawa Goju Ryu Karatedo Association und der World Jundokan Association. Viele der besten Goju Ryu Karateka in der Welt wurden von Miyazato Sensei im Jundokan trainiert. Er verstarb am 11.12.1999.

Miyagi Sensei beaufsichtigt die Kumiteübung im Jahr 1952.
Schüler: von links Yagi Meitoku, Miyazato Ei´ichi, Toguchi Seikichi und Miyazato Eiko.

Fukuchi Seiko 福地精幸先生 (04.09.1919 - 18.07.1975)

Quelle: Okinawa Prefecture Karate Museum by Dr. Hokama Tetsuhiro

Fukuchi Seko Sensei wurde am 4. August 1919 in Nishi Shin-Machi in Naha geboren. Im April 1933 trat er in die Erste Mittelschule der Präfektur Okinawa ein. Im gleichen Jahr wurde er ein Schüler von Higa Seko. Er trainierte bei Higa Seko bis Januar 1940 Goju Ryu Karatedo, als er zum Militärdienst nach Nordchina eingezogen wurde. Im August 1943 wurde er aus dem Militärdienst entlassen und widmete sich dem Studium der chinesischen Boxen vor der Rückkehr nach Okinawa.

Zurück in Okinawa wurde er Assistenzlehrer in Higa Seko Sensei´s Dojo, wo er die Fortgeschrittenen unterrichtete. Nach dem Ende des Krieges widmete er seine ganze Kraft der Förderung von Karatedo.

Er arbeitete als Direktor der Karateabteilung für den Okinawa Sportverband in Chinen und gründete 1964 das Senbukan Karatedo Dojo. Nach dem Tod von Higa Sensei, wurde er Lehrer für Karatedo am Gefängnis von Okinawa. Er diente zwei Amtsperioden als Chefdirktor der Okinawa Karatedo Föderation, die 1957 gegründet wurde, sowie als deren Vizepräsident. Bis zu seinem frühen Ableben am 18. Juli 1975 im Alter von 56 Jahren an einem Schlaganfall starb, hatte er sich 42 Jahre dem Karatedo gewidmet.

Seine Leitsprüche waren: „Angriff und Verteidigung sind dasselbe" sowie „Sei stets bereit, die Initiative zu ergreifen, auch wenn der Gegner zuerst angreift".

「防禦はイコール攻撃である。」
Bōgyo wa Iko ichi ru kōgekidearu.
「後手で先の先に出なければならない。」
Gote de saki no saki ni denakereba naranai.

Ein Lehrer ist sanft nach Außen, aber hart nach Innen. Eine Person die ehrbar ist, ist eine Person mit Freundlichkeit und Anstand. Ein Krieger sollte nicht als solcher wahrgenommen werden, sondern als eine Person, die bürgerlich und mild ist. Eine Person, die die Ausbildung von Kindern leitet, ist ein Vorbild in der Welt des Karate von Okinawa. Es wäre nicht übertrieben zu sagen, dass sie lobenswert ist.

Dr. Hokama Tetsuhiro 外間哲弘先生 (*14.09.1944 ~)

Hokama Tetsuhiro Sensei wurde 1944 in Taiwan geboren. Er begann bereit 1952 bei seinem Großvater Tokuyama Seiken mit dem Karate- und Bo-Training. Tokuyama war selbst ein Schüler von Oshiro Chojo.

Hokama Sensei entstammt einer sehr alten Familie in Okinawa, in der seit Generationen die Kampfkunst betrieben wird. Einer seiner Vorfahren war Yabu Peichin. Die Familie stammt ursprünglich von Uni-Ufugusuku aus der Burg Chibana ab. Dieser besiegte 1458 den Fürsten von Schloß Katsuren und wurde daraufhin geadelt.

1961 während seiner Ausbildung an der Naha Commercial High Schule begann er mit Goju Ryu Karate im Dojo von Higa Seiko.

Nach dem Tod von Higa Sensei lernte Hokama Sensei weiter unter Higas Meisterschüler, Fukuchi Seiko (1919-1975), der der Assistent von Higa Seko war.

Im Dojo von Higa lernte er auch Shinpo Matayoshi kennen, bei dem er Kobudo, Hakutsuruken und Kingai Ryu (eine Kampfkunst, die Matayoshi Shinko, der Vater von Shinpo Sensei in der Mandschurei gelernt hatte) erlernt.

1974 wurde er zum Direktor der Okinawa Gymnasium Karatedo Vereinigung ernannt. Nach der Gründung mehrerer Karate Dojo erhielt er 1977 den Titel Shihan. Er war technischer Berater für die All-Japan Karatedo Ken Yu Kai und der Sekretär für die All Okinawa Karatedo Association.

Er ist ein Meister der Kalligraphie, Autor vieler Bücher über Karate und die Kultur von Okinawa. Er ist auf dem Gebiet der Karategeschichte wissenschaftlich tätig und erhielt für seine Verdienste zwei Doktortitel verliehen.

Heute ist Tetsuhiro Hokama 10. Dan Goju Ryu Karatedo Hanshi, Präsident der Okinawan Kenshi Kai Organization 沖縄剛柔流拳志會空手道古武術, die Filialen in Japan, Südafrika, Indien, USA, Kanada, der Schweiz, Finnland und Deutschland unterhält.

Er gründete 1987 und leitet seither das „Okinawa Prefecture Karate Museum" in Nishihara. Er hat ein tiefes Verständnis für die „Alten Wege" des Karate.

Matayoshi Shinpo Sensei und Hokama Tetsuhiro Sensei im Dojo von Higa Seko

Quelle: Okinawa Prefecture Karate Museum by Dr. Hokama Tetsuhiro

Die Fürsten Amawari, Gosamaru und Uni-Ufugusuku

Amawari (阿麻和利, ? - 1458) war der Lord (aji, 按司) der Burg Katsuren und bekannt für seine Ambitionen auf den Thron des Ryukyu Königreiches.

Gosamaru (護佐丸, ? - 1458) war der Lord (aji, 按司) der Burg Zakimi und später von Nakagusuku. Er unterstützte Shō Hashi, bei dessen Eroberung von Hokuzan und später bei der Vereinigung der Insel Okinawa und Errichtung des Ryukyu Königreiches.

Als Dank für seine Unterstützung wurde Gosamaru zum Verwalter von Hokuzan gemacht, und er erhielt die Burg Nakijin, dem bisherigen Königssitz von Hokuzan. Einige Zeit später verließ Gosamaru Nakijin um im Dorf Yomitan die Burg Zakimi zu erbauen.

Viele Jahren hatte Gosamaru der Königsfamilie treu gedient und die Tochter von König Shō Taikyu Momoto Fumiagari 百度踏揚 geheiratet. Auf Wunsch der königlichen Regierung leitete Gosamaru den Bau einer neuen Burg bei Nakagusuku (中城), um sich dort niederzulassen und den Fürsten der Burg Katsuren, Herrn Amawari zu kontrollieren. Dieser war durch den Seehandel mächtig und reich geworden und hatte ein Auge auf den Thron geworfen. In 1458 berichtete Amawari der königlichen Regierung, dass Gosamaru einen Aufstand plante. Darum griffen die königlichen Truppen unter Führung von Amawari die Burg Nakagusuku an. Es wird gesagt, dass Gosamaru sich weigerte, aus Treue zum Reich sich zu wehren und Seppuku 切腹 beging, anstatt seine Loyalitäten zu seinem König zu verraten.

Um seine nun gewonnene Macht zu festigen heiratete er Momoto Fumiagari die Tochter des Königs Shō Taikyu.

Der König entdeckte jedoch den Verrat von Amawari und schickte seine Armee, angeführt von Uni-Ufugusuku zur Burg Katsuren, wo Amawari getötet wurde.

Uni-Ufugusuku 鬼大城 rettete Momoto Fumiagari die Tochter des Königs, deren Leibwächter er war. Als Dank dafür erhielt die Burg Chibana 知花城, heiratete die Königstochter. Als die erste Sho-Dynastie zerfiel, kam es zu politischen Veränderungen, Uni-Ufugusuku wurde vertrieben und beging anschließend Selbstmord. Sein

Grab befindet sich auf dem Grund der Burg Chibana, in Okinawa City, neben seiner Frau.

Dr. Hokama Tetsuhiro ist einer der Nachfahren von Uni-Ufugusuku.

Ufugusuku nu Mun [大城の紋], das Symbol der Familie Ufugusuku

Von ihm stammen vier Familien ab: Mabuni, Hokama, Oshiro und Nakamoto. Diese Familien haben alle das Recht, dieses Symbol zu verwenden. Nur zwei dieser vier Familien, haben etwas mit dem Karate zu tun, Mabuni und Hokama.

Uni-Ufugusuku 鬼大城 rettet Momoto Fumiagari 百度踏揚.
Quelle: Okinawa Prefecture Karate Museum by Dr. Hokama Tetsuhiro

Das Grab von Uni-Ufugusuku in Okinawa City.

Ichi E Ichi Go
(eine Chance im Leben)
© Hokama Tetsuhiro, PhD in Karate
10. Dan Hanshi Goju Ryu Karatedo und Okinawa Kobudo

Briefmarken mit Karate-Motiven

Dies waren die ersten Briefmarken die in Okinawa herausgegeben wurden, welche die Kunst des Karate zeigten. Die japanischen Zeichen in der rechten Ecke werden „Ryu Kyu Yubin" oder „Ryu Kyu Porto" gelesen. Die Briefmarken wurden in der Währung der Vereinigten Staaten (drei Cent) herausgegeben, da Okinawa von den Vereinigten Staaten nach dem Zweiten Weltkrieg verwaltet wurde. Die Präfektur Okinawa wurde erst 1972 an Japan zurückgegeben.

Sowohl die Briefmarken wie die Ersttagsbriefe sind im Besitz des Autors, der sie in der Kokusai dori in Naha bei seinen Reisen nach Okinawa käuflich erwerben konnte.

„Naihanchi", Karate Kata 15. Oktober 1964	**„Makiwara"** 05. February 1965	**„Yakusoku Kumite"** 05. Juni 1965
Entwurf: Koya Oshiro	Entwurf: Shin Isagawa	Entwurf: Masayoshi Adaniya

Verschiedene Ersttagsbriefe

Vorderseite

Text: *KARATE, a traditional self-defense art, has a long history in the Ryukyus and has been considered a national sport. The original forms in KARATE had been introduced into Japan and are now becoming well known in the USA and other countries.*

 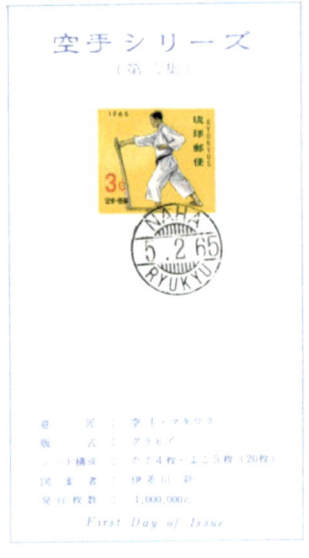 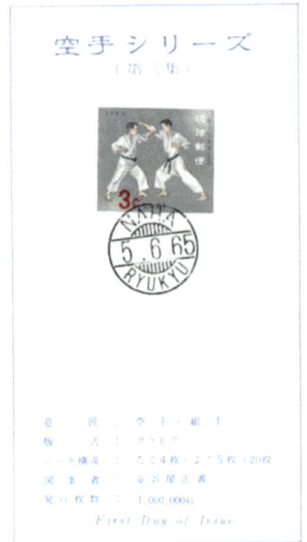

Rückseite

Text: KARATE Series „Naihanchi" *First Day of Issue OCTOBER 15, 1964 J.P.S.*

Text: *The second stamp in the karate series shows the practicing of "machi wara". This is one of the fundamentals in karate training and is done to harden the knuckles which eventually become calloused enabling one to strike bare wood without injury.*
5 FEBRUARY 1965 First Day of Issue

Text: *The third KARATE stamp depicts the "Kumi-te" (sparring). Karate blows being destructive and even lethal, bouts are only simulated contests, each taking his turn in attacking the other with prescribed series of blows which are stopped just short of making actual contact.* *5 JUNE 1965* *First Day of Issue*

(Briefmarken und Ersttagsbriefe alle im Besitz des Autors)

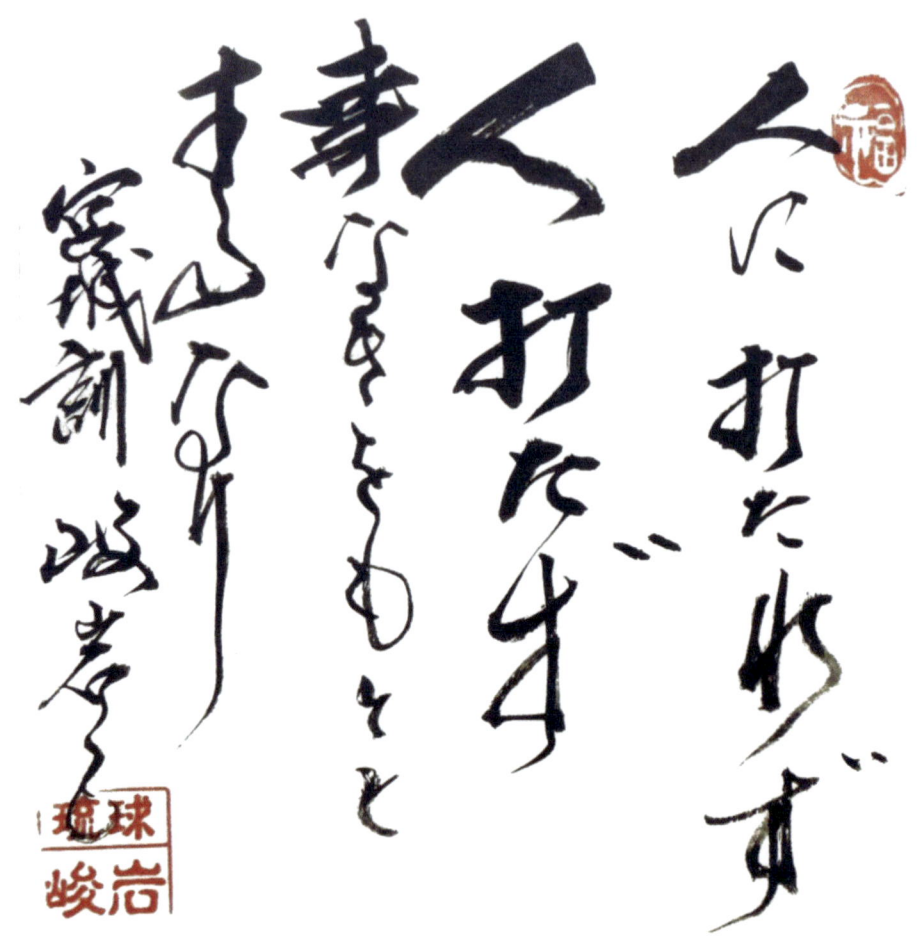

Hito ni Utarezu. Hito Utazu.
Kotonaki wo mototosurenari.
Miyagi Chojun Sensei

„Schlage keine anderen Menschen und laß dich selbst nicht schlagen.
Die eigentliche Absicht ist, erst gar nicht in eine Konfrontation verwickelt zu werden."

© Hokama Tetsuhiro, PhD in Karate
10. Dan Hanshi Goju Ryu Karatedo und Okinawa Kobudo

Junbi Undo (Aufwärmübungen) 準備運動

Die folgenden Aufwärmübungen sind als Junbi-Undo, als vorbereitende Übungen in jedem Okinawa Goju Ryu Karate Dojo bekannt. In Europa haben die Aufwärmübungen heute oft wenig mit der mentalen Aktivität zu tun, die im Training folgt, die Übungen haben oft keinen Bezug zu den speziellen körperlichen Anforderungen, an die spezifischen Muskelgruppen und Sehnen im des Körpers, die im Karatetraining verwendet werden. Es ist nicht meine Absicht, die Bedeutung des sportlichen Aufwärmens vor dem Karatetraining ernsthaft zu bestreiten, aber es darf gesagt werden, dass die unter diesen Gesichtspunkten durchgeführten Übungen oft zu kurz kommen, wenn es um die Frage der spezifischen Vorbereitung des Körpers geht. Aerobe Fitness und Muskelkraft sind zweifelsohne wichtig, aber im traditionellen Karate basiert ein starker Körper und starker Geist auf dem Verständnis von Körpergewicht und wie die Verbindung mit dem Boden am besten verwendet werden kann um die Stärke eines Angriffs zu manipulieren. Während um uns die Hölle tobt, sind wir bestrebt, im Inneren ruhig zu bleiben.

Seit Miyagi Chojun Sensei werden eine Reihe von Übungen im Okinawa Goju Ryu Karate weitergegeben. Diese Übungen sollen nicht nur den Körper erwärmen, so dass er für das Karatetraining bereit ist, sie sollen auch auf die Muskeln und Sehnen die bei den verschiedenen Techniken des Karate verwendet werde, wirken. Sie haben eine weitere Aufgabe, für die Fokussierung des Geistes auf bestimmte Teile des Körpers, während diesen Übungen, so dass man ein Verständnis für einige der Haltungen und ein „Gefühl" für die Techniken im Karate bekommt.

Im Wesentlichen gibt es zwei Arten von Junbi Undo Übungen. Die erste dehnt die Muskeln und Sehnen und lockert die Gelenke, fördert also die Geschmeidigkeit und Beweglichkeit des Körpers, bringt den Blutkreislauf in Schwung und erhöht die Körpertemperatur. Die zweite Gruppe dient dazu Kraft und Ausdauer in den großen Muskelgruppen des Körpers aufzubauen und das geistige Durchhaltevermögen zu steigern. Im Laufe der Zeit können diese beiden Formen der Junbi Undo kombiniert werden, wodurch die Techniken des Karate im Bereich der mentalen Stärke und die körperliche Geschmeidigkeit der Karateka gut entwickelt werden. Dies wiederum erlaubt es dem Karateka, sich freier und ohne Verspannungen zu bewegen, als mit einem weniger geschmeidigen oder ungesunden Körper. Wenn man mit den Grenzen des Körpers vertraut ist, ist man eher in der Lage, einen entspannten Zustand der Konzentration, der im Kampf benötigt wird, zu erreichen.

Mit den Zehen beginnend arbeitet man sich vertikal nach oben durch den Körper bis zum Hals. Der erste Satz der Übungen ist eine hervorragende Möglichkeit, sich sowohl körperlich vorzubereiten, wie sich geistig für die Strapazen des Trainings zu konzentrieren und die Aufmerksamkeit auf bestimmte Haltungen und Positionen zu legen, die später bei den Karatetechniken benötigt werden. Diese Übungen sollten einen größeren Teil des Karatetrainings einnehmen, als Block-, Schlag oder Tritttechniken. Selbst wenn man mit dem Hojo Undo weitermacht, sollten diese Übungen gemacht werden, da man niemals versuchen sollte schwere Gewichte vom Boden zu heben, ohne den Körper und Geist in irgendeiner Weise vorbereitet zu haben. Muskel- und Sehnenrisse oder größere Verletzungen können so vermieden werden. Muskelfasern funktionieren besser, wenn sie vorbereitet werden. Alle diese Übungen sollten allgemein zum Aufwärmen und spezifisch für Karate betrachtet werden.

Junbi Undo 1

A

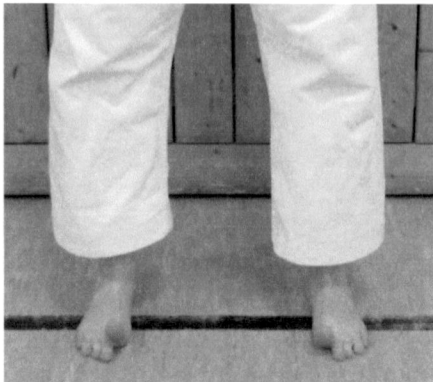

B

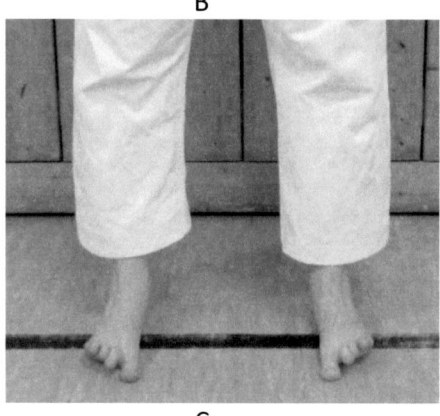

C

In Heiko Dachi (Bild A) stehen, die Hände auf den Hüften aufgestützt, konzentriert man sich auf die Fußsohlen (teisoku). Die Zehen so weit wie möglich auseinandergespreizt versucht man, so viel Kontakt mit dem Boden zu haben, wie möglich.

Nun den großen Zeh anheben (Bild B) und für eine Sekunde halten, bevor er wieder auf den Boden gepresst wird, danach die kleineren Zehen anheben (Bild C) und wieder auf den Boden zurücksetzen. Dieser Wechsel soll zehn Mal wiederholt werden. Wenn der große Zeh angehoben ist, ist es die gleiche Haltung die mit dem Fuß gemacht wird, wenn man Yoko Geri tritt.

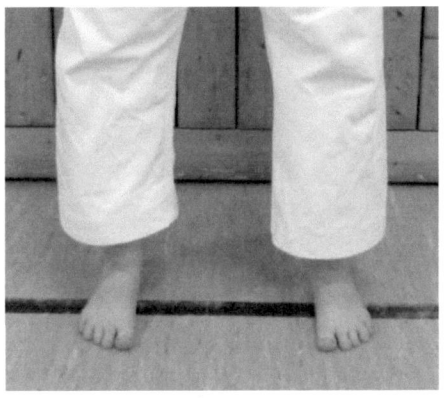

A

D

In Heiko Dachi (Bild A) stehen, nun das Gewicht auf ein Bein verlagern und die gegenüberliegende Ferse anheben und mit den Zehen des anderen Fußes den Boden mit so viel Kraft wie möglich greifen.

Die Ferse nach innen zum Standbein hindrehen (Bild D), aber nicht zulassen, dass die Zehen ihren Griff verlieren. Diese Position halten für vier oder fünf Sekunden, bevor die Spannung gelöst wird. Diese Drehübung sollte mit jedem Fuß mindestens zehnmal wiederholt werden. Im Laufe der Zeit erhöht sich bei dieser Übung die Kraft der Zehen und verbessert die allgemeine Geschicklichkeit. Dies ist wichtig, da in der Kata oft subtile Kontrolltaktiken mit den Zehen eingesetzt werden.

Ein Beispiel dafür ist in der Kata Suparinpei vor dem Morote Awase Zuki. In dieser aber auch in anderen Kata werden die Zehen auf den gegnerischen Fuß gesetzt, um ihn festzuhalten. Hierbei verwendet man den großen Zeh, um Druck auf den vitalen Punkt (Ko Ri 高利 Leber 3) anzuwenden.

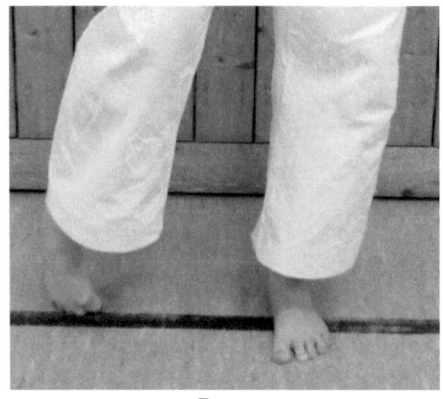 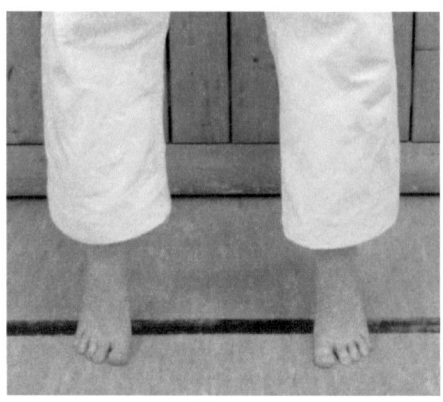

E　　　　　　　　　　　　　　　F

Das Körpergewicht auf ein Bein verlagern, die Zehen des anderen Fußes auf dem Boden hin und her rollen, danach eine kreisförmige Bewegung machen (Bild E). Das sollte mit etwas Druck der Zehen auf den Boden erfolgen. Diese Übung stärkt das Bewusstsein für die Zehen und verbessert die allgemeine Geschicklichkeit des großen Zeh, der oft als Waffe im Karate benutzt wird Die große Zeh unterstützt uns beim Gleichgewicht und ist für die Stabilität von entscheidender Bedeutung.

Den Körper auf die Fußballen (Koshi) heben und dort für zwei drei Sekunden (Bild F) stehen bleiben. Diese Haltung stärkt die Achillessehne, dehnt die Wadenmuskulatur und hilft eine gute Balance zu entwckeln.

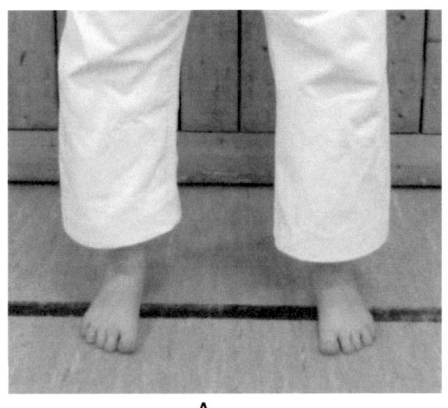

A

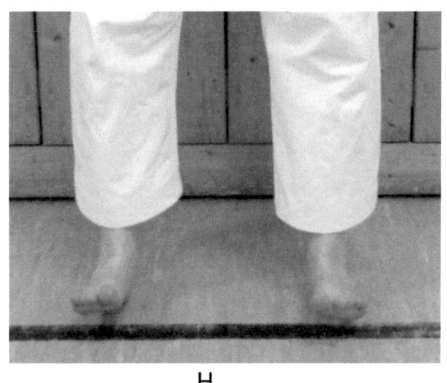

H

Die Füße wieder auf den Boden (Bild A) stellen

und jetzt rückwärts auf die Fersen schaukeln (Bild H), und dann wieder auf die Fußballen in die ursprüngliche Position zurückkehren. Dies dient dem Erwärmen der Sehnen und Wadenmuskulatur des Beines.

Junbi Undo 2

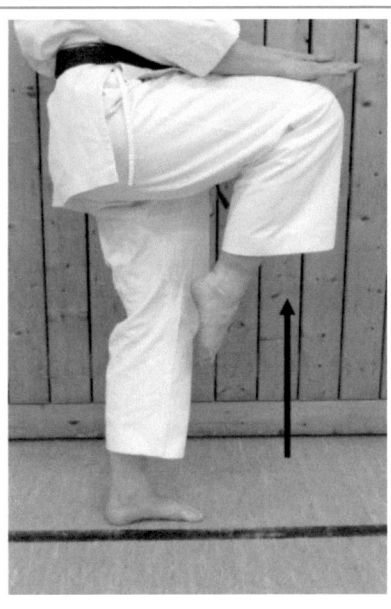

Die Arme werden eng vor dem Körper mit den Handflächen nach unten und mit leichter Spannung gehalten. Mit den Knöcheln vom Boden abfedern, die Knie dabei abwechselnd, rhythmisch in die offenen Hände treten, dabei mit den Händen dagegenhalten. Diese Bewegung bereitet nicht nur die Beine für das Karatetraining vor, sondern ist auch hilfreich für die technische Ausführung eines Hiza Geri.

Junbi Undo 3

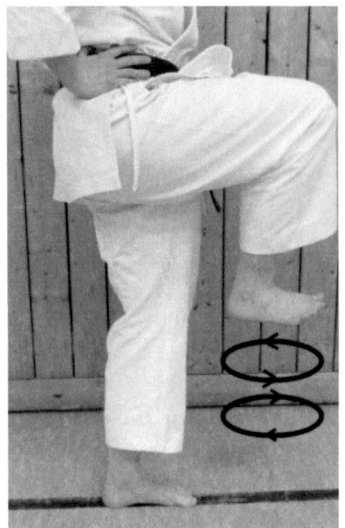 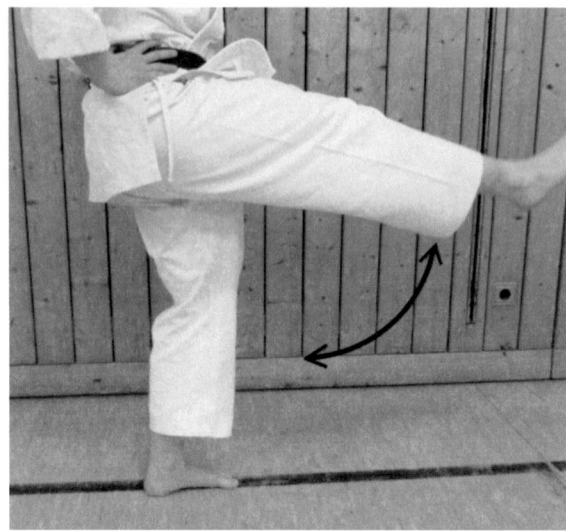

Die Hände auf den Hüften aufgestützt, steht man auf dem linken Bein und hebt das rechte Knie hoch, so dass der Oberschenkel waagrecht ist; dies hilft die Balance zu entwickeln. Nun den Fußknöchel, zuerst im Uhrzeigersinn und dann gegen den Uhrzeigersinn kreisen.

Dann den Unterschenkel vorwärts und rückwärts bewegen, so als ob man treten würde. Das Bein entspannt halten und dabei die richtige Fußhaltung, wie bei einem Mae Geri halten. 10-mal mit dem rechten Fuß, dann mit dem linken Fuß ausführen.

Junbi Undo 4

A

B

Sich in Musubi Dachi nach vorne beugen und die Hände auf die Knie legen und die Beine durchdrücken (Bild A). Die Zehen, vor allem die große Zehe sollten fest auf dem Boden bleiben, quasi den Boden greifen. Der große Zeh gibt uns die Fähigkeit, die richtige Balance zu halten und eine starke Verbindung zum Boden zu halten.

Nun die Knie beugen und nach unten in die Hocke gehen, den Rücken gerade halten und die Knie zur Seite öffnen, die Fersen verlassen dabei den Boden (Bild B). In dieser Position für einige Sekunden bleiben, bevor man zur Ausgangsposition zurückkehrt. Das Beugen und aufrichten mindestens 10-mal wiederholen. Die Hände bleiben während der ganzen Übung auf den Knien.

Junbi Undo 5

Nach der letzten Hocke, bleibt man mindestens dreißig Sekunden in der Hocke. Man legt die Hände mit dem Handrücken auf Knieinnenseite und schiebt die geöffneten Knie zurück und hält den Rücken gerade, die Augen schließen. Nach 30 Sekunden die Augen öffnen und aufstehen. Diese Übung hilft die Balance zu entwickeln, die Zehen zu stärken und ist genau die Haltung in der Kata Kururunfa gebraucht wird. Dort am Ende der Kata nach der 180° Wendung steht der Karateka in Musubi Dachi und beugt sich schnell in Koshi Dachi.

Junbi Undo 6

A

B

In Shiko Dachi die Hände auf die Innenseite der Oberschenkel in Knie Nähe legen. Die rechte Schulter nach vorne unten drücken, den Kopf sanft drehen und nach links schauen (Bild A). Der rechte Arm schiebt das rechte Knie nach hinten, während der linke Arm verhindert, daß das linke Knie sich vorwärtsbewegt. Auch hier mit den Zehen beider Füße sich am Boden festhalten.

Die Dehnung sollte entlang der Innenseite der Oberschenkel empfunden werden und über mehrere Sekunden gehalten werden. Dann mit der anderen Körperseite (Bild B) wiederholen.

In Shiko Dachi beide Unterarme auf der Innenseite der Unterschenkel legen, die Ellbogen befinden sich leicht über dem Knie. Nun gleichmäßigen Druck auf beide Beine bringen, um sie auseinander zu drücken. Mit den Zehen dabei den Boden greifen, die Brust so aufrecht wie möglich halten, um die Dehnung auf die Beine zu maximieren. Mindestens zehn Sekunden halten.

Alle Dehnungen sollten mit Vorsicht und nie gehetzt erfolgen. Unabhängig davon, wie flexibel man auch sein mag, niemals schnell und ruckartig dehnen, immer den Körper spüren.

Junbi Undo 8

A

B

Gewicht auf das rechte Bein bringen, das linke Bein ausstrecken, die Fußsohlen flach am Boden und sich mit den Zehen „festkrallen" (Bild A). Die Hände auf die Knie legen. Durch diese Haltung wird Wadenmuskulatur gedehnt. Ohne den Körper aufzurichten und ohne die Beine zu entlasten, sich so waagerecht wie möglich zum anderen Bein bewegen. Die Idee ist, die Verlagerung des Körpergewichts von einem Bein auf das andere zu erkennen. Dieses „Gefühl" ist in vielen Goju Ryu Kata notwendig, besonders aber in der Kata Seienchin. Die jeweilige Position auf beiden Seiten für einige Sekunden halten, bevor man wieder zum anderen Bein zurückkehrt.

Direkt aus der vorherigen Übungen in die Hocke absetzen und den Fuß des gestreckten Beines auf die Ferse mit den Zehen zeigen nach oben stellen. Die Fußsohle des gebeugten Beins flach auf dem Boden halten (Bild B). Dehnt die Rückseite des Oberschenkels.

Junbi Undo 09

Mit den nun gut gedehnten Beinen sich in Shiko Dachi hinstellen; mit den Ellbogen auf der Innenseite der Knie diese nach hinten schieben, den Körper dabei so aufrecht wie möglich zu halten und den Boden mit den Zehen greifen. Eine zusätzliche Hebelwirkung kann durch das Erfassen der Knöchel mit den Händen erreicht werden.

Junbi Undo 10

In Heiko Dachi stehen, die Hände ruhen auf den Hüften, nun die Hüften in einer kreisen. Dabei die Fußgelenke und die Schultern in einer Linie halten und die Bewegung auf die Körpermitte beschränken, den Kreis so groß wie möglich machen, dabei die Bewegung der Schultern minimieren; die Hüften sowohl im Uhrzeigersinn wie auch gegen den Uhrzeigersinn drehen.

Junbi Undo 11

| A | B | C |

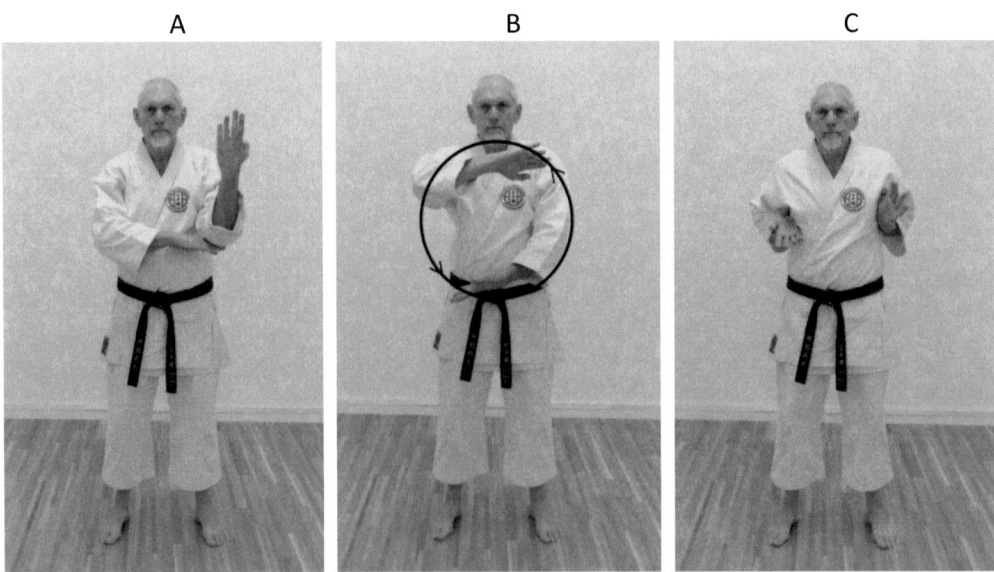

In Heiko Dachi stehen, den linken Arm in eine Chudan Ura Kake Uke Haltung nehmen, die rechte Hand mit der Handfläche nach unten, unter dem Ellenbogen halten (Bild A). Jetzt durch die Nase tief einatmen, während man Mawashi Uke (Bild B) ausführt und zur Position in Bild C kommt.

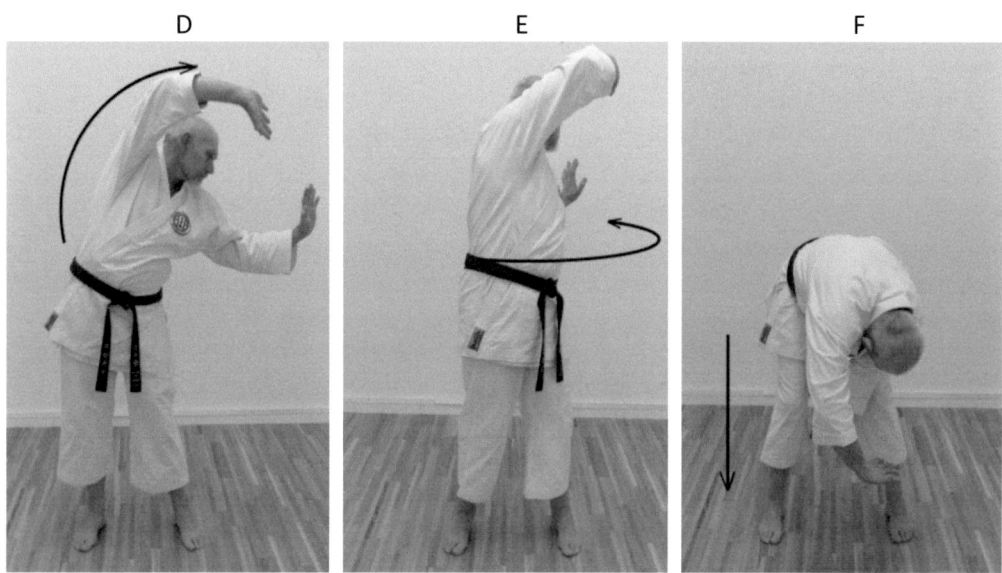

Körper gerade halten und nach vorne schauen, dann den Oberkörper zur linken Seite beugen, dabei stark durch den offenen Mund ausatmen, die Arme zur Seite drücken (Bild D). Die Atmung sollte mit der Bewegung synchronisiert sein, so wie in Kata Sanchin und sie sollte gleichzeitig beginnen und enden. Während der Mawashi Uke Bewegungen einatmen, während der Streckung ausatmen. Danach die Ausgangsposition wieder einnehmen, und die Übung auf der rechten Seite wiederholen.

Neben der Dehnung zur Seite, eine Dehnung nach hinten (Bild E) und eine Dehnung nach vorne (Bild F) durchführen. Dabei immer aus der gleichen Position (Bild A) beginnen und zuerst den Mawashi Uke ausführen, bevor man in die gleiche Richtung dreht wie die Arme gehalten werden, die Drehung nach hinten sollte mit Sorgfalt erfolgen, dabei den Körper aufrecht halten, so als ob man auf einer vertikalen Linie, die Mitte des Körpers läuft, sich verdreht.

Junbi Undo 12

A B C

Natürlich aufrecht stehen und beide Arme in einer großen Kreisbewegung (Bild A) nach hinten schwingen. Dabei langsam beginnen und 10 Mal schwingen. Nun die Schwungbewegung umkehren (Bild B), immer zuerst langsam beginnen und schnell beenden.

Schließlich einen Arm nach vorne und den anderen Arm gleichzeitig nach hinten zur (Bild C) schwingen. Dem Muster von langsam und schnell folgen, bevor man die Richtung der Arme umkehrt. Während der gesamten Übung sollten die Arme ohne Muskelspannung völlig entspannt gehalten und geschwungen werden.

Junbi Undo 13

A

In Heiko Dachi stehen, den linken Arm nach vorne ausstrecken, die Finger zeigen nach oben (Bild A). Die Finger der rechten Hand greifen die Finger der linken Hand, nun den linken Arm langsam vorwärts schieben,

während man mit der rechten Hand dagegenhält. Durch den Druck beugen sich die Finger der linken Hand nach hinten. Die Flexibilität des Handgelenks und der Finger werden dadurch erhöht, während man gleichzeitig die greifende Hand für einen Handgelenk- oder Fingerhebel trainiert.

C

Als nächstes wird das Daumenballen (großen Daumenmuskel *abductor pollicis brevis*) mit den Fingern gegriffen. Der Daumen der rechten Hand hält während des Umgreifens den Kontakt mit der Rückseite der linken Hand aufrecht. Den linken Arm beugen und ihn in eine Chudan Yoko Uke Position bringen. Den Unterarm senkrecht und das Handgelenk und den Ellbogen übereinander halten (Bild C). Mit der rechten Hand die linke Hand verdrehen, dabei Druck mit dem Daumen der rechten Hand in die entgegengesetzte Richtung ausüben.

Im vierten und letzten Teil der Übung, wird mit der Handfläche der rechten Hand der Handrücken der linken Hand von oben gegriffen. Der rechte Daumen umgreift dabei den Daumenballen. Beide Ellenbogen werden nach unten innen geführt, um so Druck auf die Rückseite der linken Hand auszuüben (Bild D). Die Knöchel der linken Hand sollten sich in der Mitte der rechten Handfläche befinden.

Diese Haltung dehnt nicht nur das Handgelenk, sondern ahmt auch die Handstellung nach, die angewendet wird, wenn man einen Gegner kontrolliert oder hebelt. Wenn die Sequenz abgeschlossen ist, werden die vier Teile dieser Bewegung auf der gegenüberliegenden Seite wiederholt.

D

Junbi Undo 14

A

In Heiko Dachi stehen, beide Arme in

B

Darauf achten beim Ausatmen die

der Chudan Yoko Uke Haltung halten. Ohne den Schwerpunkt zu ändern oder die Schultern heben, beide Hände öffnen, dabei mit dem kleinen Finger beginnen und die Finger so weit wie möglich strecken (Bild A). Dabei tief durch die Nase einatmen, dabei die Energie in den Fingern spüren, danach stark durch den Mund ausatmen und mit beiden Händen eine Faust machen.

Achselhöhlen schließen (Bild B). Beachten, dass während sich die Hände zur Faust ballen die Zehen den Boden greifen und sich beim Öffnen der Fäuste wieder strecken.

Mit den Bauchmuskeln die Luft hinauspressen und sich dabei auf die Körpermitte (Tanden) konzentrieren, genau wie bei der Kata Sanchin. Anschließend entspannen und die Übung dreimal wiederholen.

Junbi Undo 15

A

B

In Heiko Dachi stehen, die Handflächen zusammendrücken und die Arme vor der Brust (Bild A) ausstrecken, dabei einatmen.

Die Hände weiter zusammendrücken und sie zurück zur Brust (Bild B) ziehen, dabei ausatmen durch den offenen Mund.

C

D

Die Handflächen zusammendrücken, die Finger zeigen nach oben und die Ellbogen befinden sich auf gleicher Ebene, versuchen die Handgelenke zu strecken (Bild C).

Einatmen und beim ausatmen darauf konzentrieren, dass der Druck auf die Fingerspitzen (Bild D und E) kommt.

E

F

Die Übung durch Strecken über dem Kopf (Bild F) und auch in Richtung Boden (Bild G) wiederholen. Immer darauf achten, dass die Schultern nicht gehoben werden.

Junbi Undo 16

In Heiko Dachi stehen (Bild A), das Kinn zur Brust ziehen und durch die Nase einatmen. Ohne den Atem anzuhalten, den Kopf langsam so weit wie es geht nach hinten bewegen, dabei durch den Mund ausatmen (Bild B).

Die Bewegung und der Atem sollten synchronisiert sein und zur gleichen Zeit beginnen und enden. Schultern entspannen und den Geist auf die Harmonie der Atmung und Körperhaltung lenken, während der Kopf sanft von einer Position zur nächsten und wieder zurückbewegt wird. Mehrere Wiederholungen.

 C

 D

Durch die Nase einatmen und den Kopf nach links drehen, dabei ausatmen, während der Bewegung darauf achten, dass die rechte Schulter nach hinten gedrückt wird (Bild C) um die Dehnung zu verbessern.

Nun den Kopf langsam nach rechts drehen (Bild D), während der Bewegung ein- und ausatmen und die linke Schulter nachhinten schieben. Auch diese Übung sollte auch mehrmals wiederholt werden.

 E

 F

Zuerst einatmen, dann den Kopf auf eine Seite ablegen (Bild E), dabei ausatmen. Die gegenüberliegende Schulter wird dabei nach unten gedrückt.

Diese Position für eine Sekunde halten und dann den Kopf langsam auf die andere Seite bewegen (Bild F).

G

Den Körper aufrecht halten und die Hände über den Hinterkopf (Bild G) legen. Die Ellbogen nach innen ziehen und den Rücken aufrecht halten; mit den Händen den Kopf sanft nach unten ziehen und so die Spitze der Wirbelsäule dehnen. Diese für 10 Sekunden halten, bevor man den Druck langsam wegnimmt und der Kopf in seine natürliche aufrechte Haltung zurückkehrt.

Hojo Undo (ergänzende Übungen) 補助運動

Ich stelle hier nur die Übungsgeräte vor, wie sie auch in meinem Dojo Verwendung finden. Innerhalb des Hojo Undo kann man jedes dieser Übungsgeräte in beliebiger Reihenfolge verwenden. Ebenso müssen nicht alle Übungsgeräte verwendet werden, um einen gewissen Nutzen aus dieser Art des Trainings zu gewinnen. Wenn es schwierig ist bestimmte Übungsgeräte zu bekommen oder sie zu bauen, macht man aus dem was man hat das Beste. Das haben auch die Meister in Okinawa früher in ihrem Training gemacht und heute noch tun. Das Karate von Okinawa basiert nicht auf die Erfüllung von exakten Trainingsplänen, sondern darauf, wie gut man jetzt im Vergleich zu dem Zeitpunkt ist als man angefangen hat. Hojo Undo dient dem Vertrauen in die Realität, wenn man mit diesen Übungsgeräten arbeitet, sowie der Verbesserung der körperlichen Stärke.

Verschiedene Dogu des Autors

1. Nigiri Game 握りがめ – Krug zum Greifen;
2. Chi Ishi 据石 – Steingewicht am Stil;
3. Ishi Sashi 石錠 – Steinschloss;   unerlässlich für das Training der Sanchin
4. Tetsu Geta 鉄下駄 – Eisensandalen
5. Makiagi Kigu 巻揚 – Gewicht zum aufrollen
6. Makiwara 巻藁 ‐ Schlagpfosten;
7. Sandobakku サンドバック – Sandsack;

Die Werkzeugkiste, insb. Nigiri Game im Kenshikai Sohonbu in Nishihara Okinawa.

Diese Übungsgeräte findet man in fast jeder Küche, in Geschäften oder an Orten, an denen Dinge gelagert werden. Die Geschichte der Keramik ist auf Okinawa mit seinen Nachbarn durch eine lange Handelsgeschichte verbunden. In Tsuboya gab es viele chinesische und einheimische Töpferläden, und auch heute noch ist Tsuboya eine kulturelle Oase inmitten der Hektik, des modernen Naha. Töpfe und Gegenstände aller Art, die aus Ton hergestellt werden gehören zur Geschichte von Okinawa. Besonders große Gefäße, die für die Überreste der Toten verwendet werden, bevor sie in einem der riesigen Schildkrötenpanzergräber beigesetzt werden, können auf der ganzen Insel und dem Ryukyu Archipel gefunden werden. Einmal im Jahr, am Tag des Tanabata (dem Tag der Ahnenverehrung) werden in Okinawa die Gräber und die Gefäße geöffnet um die Knochen der Vorfahren zu reinigen. Deswegen werden auch heute noch große Gefäße hergestellt.

Nago Museum (名護博物館 *Nago hakubutsukan*)

1. Nigiri Game 握りがめ

Krug zum Greifen; unerlässlich für das Training der Sanchin

Die Nigiri Game werden verwendet, um einen starken Griff zu entwickeln. Die Nigiri Game werden mit den Fingern gegriffen und gehalten (siehe Bild), dabei muß besonders auf einen festen Griff geachtet werden. Wenn man die Krüge einfach nur mit den Fingerspitzen hält gehen die meisten der Vorteile des „Greifens" verloren, da man dann die Krüge nur mit den Armmuskeln hält. Zunächst ist es wichtig, Nigiri Game zu verwenden, deren Öffnung die richtige Größe für die Hände hat. Ist die Öffnung zu groß, werden die Finger zu weit gestreckt und ein richtiger Griff kann nicht entwickelt werden. Ist die Öffnung zu klein, können die Nigiri Game nicht richtig gehalten werden. Um die Nigiri Game richtig zu halten, müssen die Fingerspitzen gleichmäßig um die Vorderseite des Randes angeordnet werden, während der Daumen fest gegen die Rückseite des Randes gedrückt wird. Die Finger und der Daumen werden zusammengedrückt und so die Nigiri Game vom Boden gehoben. Wenn die Nigiri Game zu leicht sind kann man Sand oder Steine einfüllen um das Gewicht zu erhöhen.

Nigiri Game vom Autor

Das Aufnehmen der Nigiri Game

In Musubi Dachi, die linke Hand liegt auf dem rechten Handrücken

Füße öffnen zu Heiko Dachi *„Yooi no Kamae"*

Den rechten Fuß einen Schritt nach vorne zu Sanchin Dachi zwischen den Nigiri Game setzen, dabei die Arme zu *„Sanchin no Kamae"* nehmen.

Nun die Arme zurückziehen zu Hikite, einatmen dabei die Hände so drehen, daß die Handflächen nach oben zeigen.	Ausatmen und in die Hocke gehen, um nun die Nigiri Game zu ergreifen.	Wenn man die Nigiri Game richtig gegriffen hat, tief einatmen und aufstehen, dabei ausatmen, bis man wieder in Sanchin Dachi steht

Die Aufmerksamkeit auf die richtige Atmung und Körperhaltung, und deren Synchronisation legen.

Die häufigste Art, die Nigiri Game zu benutzen, ist in Sanchin Dachi vorwärts und rückwärts zu gehen, wobei die Nigiri Game an der Seite, leicht nach hinten gezogen gehalten werden.

Dies erscheint auf den ersten Blick einfach, aber diese Haltung erfordert einige Anstrengung. Die Arme werden etwas gebeugt und die Schultern dürfen nicht angehoben werden. Also eine ähnliche Position der Schultern, wie in der Kata Sanchin. Von dieser Position aus kann man einfach dem Embusen der Kata Sanchin folgen oder einfach das Dojo entlanggehen und am Ende wird dann gewendet und man kehrt in gleicher Weise zur Ausgangsposition zurück wo wiederum eine Wendung erfolgt.

180° Wendung

Die Wendung erfolgt genauso wie in der Kata Sanchin gedreht. Der Rücken muß dabei unbedingt gerade gehalten werden. Man setzt immer mit dem rechten Bein nach links über, dabei wird die ganze Fußsohle (厎eisoku) des rechten Fußes auf den Boden aufgesetzt und das Körpergewicht in der Mitte gehalten. Von hier aus werden die Hüften um 180 Grad gedreht und man steht wieder in Sanchin Dachi. Dabei darauf achten, dass die Hüfte als letztes gedreht wird und sich Schultern und Hüfte in einer Linie zueinander befinden.

Die Einatmung sollte während dem Schritt vorwärts erfolgen und wenn man wieder im Sanchin Dachi steht wird ausgeatmet. Dies führt zu einer rhythmischen und somit zu einer Harmonie zwischen Atmung und Bewegung. Bei jedem Schritt muß ein guter Kontakt mit dem Boden und ein Gefühl von „Muchimi" beibehalten werden, auch wenn in unterschiedliche Stellungen wie Shiko Dachi oder Nekoashi Dachi geübt wird.

2. Chi Ishi 据石 – Steingewicht am Stil

Übungsgeräte (Dogu) ähnlich dem Chi Ishi werden seit Jahrhunderten in Asien und im Nahen Osten benutzt. Insbesondere haben Ringer in Indien seit Jahrhunderten eine reichhaltige Sammlung, um ihre Körper zu formen, zu stärken und für den Kampf vorzubereiten. Obwohl viele der Übungen und die Übungsgeräte sich deutlich unterscheiden, gibt es viele Gemeinsamkeiten zwischen den Übungsgeräten auf Okinawa und denen der indischen Ringer. Es soll Bodhidharma gewesen sein, der möglicherweise 520 n.Chr. von Indien nach China kam und der Ideen mitbrachte aus denen schließlich die Kampftechniken des Okinawa Karate entstanden.

Chi Ishi vom Autor

Chi Ishi im Museum
von Hokama Sensei

Auf Okinawa, sind die Chi Ishi wohl aus der Verwendung verschiedener Gegenstände entstanden: z.B. kleine Schleifsteine zur Herstellung von Lebensmitteln oder aus Teilen von Webstühlen und vielem anderem mehr. In Anbetracht der Alltagstauglichkeit ist es wahrscheinlich, daß es Gegenstände waren, die sich in unmittelbarer Nähe der Karateka befanden, die immer darauf bedacht waren ein Trainingsgerät nutzen zu können.

Wenn man die Chi Ishi hochhebt, werden die Finger, die Handgelenke und die Arme trainiert. Starke Muskeln zum zupacken, würgen oder den Gegner festzuhalten. Wie bei jedem anderen Trainingsgerät ist es wichtig eine Harmonie zwischen dem Körper, der Atmung und dem Geist zu entwickeln. Wenn ein oder mehrere dieser Elemente fehlt, wird die Verbindung zwischen dem Hojo Undo und der Karatetechnik stark behindert. Es gibt viele Übungen, die mit dem Chi Ishi gemacht werden können, alle darzustellen würden den Rahmen dieses Buches sprengen. Jede Übung wird langsam und methodisch ausgeführt. Die Kraft in den Fingern, Handgelenken, Armen, Schultern und Rücken wird gestärkt und das wiederholte sich in Shiko Dachi absenken hilft im Laufe der Zeit stärkere Beine zu entwickeln.

Das Chi Ishi hochheben

Eine Methode das Chi Ishi zu heben ist, sich in hohem Shiko Dachi (Bild A) hinzustellen das Ende des Griffs mit einer Hand greifen, während die andere Hand auf dem Oberschenkel ruht. Nun wird das Chi Ishi gerade nach oben auf Kopfhöhe gehoben (Bild B) und ohne Stopp das Chi Ishi mit Schwung gedreht, so daß die rechte Hand sich nun unter dem Chi Ishi befindet (Bild C).

Während dem Heben einatmen und beim absinken in Shiko Dachi und dem fixieren des Chi Ishi ausatmen. Der Blick geht dabei über das Chi Ishi hinweg nach vorne.

Übung 1 (einhändig)

In der Ausgangsposition wird das Chi Ishi mit der rechten Hand gegriffen

und bis auf Kopfhöhe gehoben

und nun ohne Stopp t Schwung gedreht, so daß die rechte Hand sich nun unter dem Chi Ishi befindet.

Nun wird das Chi Ishi hinter die Schulter gehoben, dabei tief einatmen.

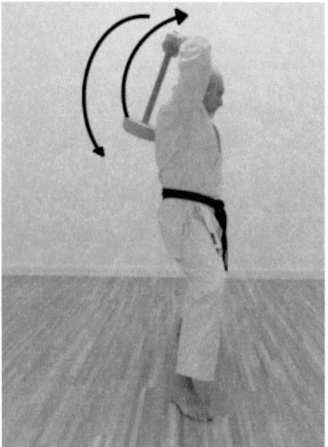

Den Rücken dabei aufrecht und gerade halten und die Muskeln des Arms entspannen

Tief durch die Nase einatmen, dann durch den Mund ausatmen und das Chi Ishi nach vorne bringen

Diese Übung wirkt vor allem beim Vorholen auf den Trizeps, wenn man das Chi Ishi vom Schulterblatt aus wieder nach vorne in die Ausgangsposition (Bild F) bringt.

Diese Übung sollte mindestens zehnmal wiederholt werden, bevor das Chi Ishi auf den Boden zurückkehrt und die gleiche Übung mit dem anderen Arm gemacht wird.

Jedes Mal, wenn das Chi Ishi gehoben wird, muß dies mit einem festen Griff erfolgen. Mit den Fingern wird fest zugegriffen und das Chi Ishi wird unter Kontrolle gehalten, dabei unbedingt den Rücken gerade und aufrecht halten.

Es kann sehr schwierig sein, aber mit Geduld und ein nicht zu schweres Chi Ishi können sehr schnelle Fortschritte gemacht werden. Darauf achten, daß die Achselhöhle am Ende jeder Wiederholung zu schließen und den gesamten Körper mit dem Chi Ishi zu verbinden. Eine offene oder entspannte Achsel trennt den Arm vom Körper und lässt die Muskeln des Arms ermüden. Eine offene Achsel verringert die Anzahl der Wiederholungen aufgrund der Ermüdung des Arms.
Mit dieser Übung wird besonders die Kraft der Oberarme und der Schultern entwickelt und führt zu einer Verbesserung der Kraft der Hände und der Handgelenke.

Übung 2 (einhändig)

Startposition (Bild A)

Aus der Startposition (Bild A) wird das Chi Ishi rückwärts über die Schulter (Bld B) geschwungen, dabei einatmen.

Sofort wenn das Chi Ishi an der Seite des Körpers (Bild C) in Hikite ankommt,

wird das Chi Ishi gerade nach vorne geschoben, dabei wird ausgeatmet.

Die ganze Bewegung sollte rhythmisch ohne Stopp erfolgen. Die Übung kann aus dieser Position mehrfach wiederholt werden. Diese „rollende" Bewegung stärkt besonders das Handgelenk und die Muskeln des Oberarms.

Übung 3 (einhändig)

Das Chi Ishi mit der rechten Hand halten und mit dem rechte steht Bein vorne. Das Chi Ishi etwas hin- und herschwingen, um etwas Schwung zu erhalten (Bild A).

Zwei bis drei Schwünge sind ausreichend bevor das Chi Ishi hoch über den Kopf, wie dargestellt (Bild B) angehoben wird. An dieser Stelle einen tiefen Atemzug nehmen

und mit dem linken Fuß einen Schritt vorwärts (45°), in Shiko Dachi machen, dabei das Chi Ishi in die gezeigte Position (Bild C) vor dem Körper bringen.

Von hier aus drei kurze, schnelle und stechende Bewegungen machen und dabei dreimal ausatmen. Mit jedem Stoß werden die Arme gestreckt, in ähnlicher Weise wie das Eindrehen der Faust am Ende eines Fauststoßes (Bild D).

Mindestens sechs Mal wiederholen, bevor man die Übung mit dem linken Arm macht. Beim zurückziehen erfolgt die Drehung umgekehrt, wie beim Hikite.

Nach dem dritten Stoß, einfach aufstehen, einen Schritt zurück machen und die ursprüngliche Position (Bild A) einnehmen. Dabei normalisiert sich die Atmung wieder.

Übung 4 (beidhändig)

Das Chi Ishi mit beiden Händen greifen. Die rechte Hand am Ende des Griffs und die linke Hand darüber. Nun wird wird in gleicher Weise wie bei Übung 1 das Chi Ishi aus der Ausgangsposition.

Das Chi Ishi, wie bei einer Ausholbewegung mit einer Axt, über den Kopf hinter den Rücken gehoben, dabei einatmen.

In Shiko Dachi absinken und mit dem Chi Ishi eine „Hackbewegung" machen und dabei ausatmen.

von der Seite.

Nun wird das Chi Ishi nach vorne geschoben, dabei wird der Griff verstärkt, so als ob man ein nasses Handtuch auswringen würde (Bild E/F), dabei wird stark ausgeatmet.

Bild E von der Seite. Atmung und Körperbewegungen sollten während der Übung synchron bleiben.

3. Ishi Sashi 石錠 – Steinschloss

(unerlässlich für das Training der Kata Sanchin)

Der Name Ishi (Stein) Sashi (Schloß) ist ein gutes Beispiel dafür wie Alltagsgegenstände im Karate benutzt wurden und in traditionellen Dojo noch immer verwendet werden. Die Ishi Sashi wurden ursprünglich als „Stein(vorhänge)schlösser" für Eingangstüren verwendet. Stein gab es in Hülle und Fülle auf der felsigen Insel und hat immer eine wichtige Rolle beim Bau von Gebäuden seit den frühesten Tagen der Besiedlung gespielt. Die Ishi Sashi wurde entwickelt, um zu einer Tür zu passen und fungierte als Verriegelungsmechanismus zusammen mit einer langen Holzstange. Eine Doppeltür mit einem Sashi auf jeder Seite und einem schweren Holzpfosten war eine sehr effektive Sperre. Heutzutage werden kaum noch Ishi Sashi aus Stein verwendet, man verwendet auch Sashi aus Metall, was durchaus einfacher in der Herstellung ist.

Ishi Sashi und moderne Kettle Bell, die ebenfalls geeignet sind

Übung 1 (beidhändig)

Links vor zu links Sanchin Dachi mit Morote Chudan Yoko Uke (Bild A). Das Ishi Sashi festhalten und nicht durch die Finger gleiten lassen.

Nun das rechte Ishi Sashi zurück zu Hikite ziehen, dabei durch die Nase einatmen (Bild B).

Nun mit einer starken Ausatmung einen rechten Chudan Zuki ausführen (Bild C), bevor der Arm zur Chudan Yoko Uke Position (Bild D) am Ende der Ausatmung zurückgezogen wird.

Nun einen Schritt mit dem linken Bein nach vorne machen und die Übung mit dem rechten Arm wiederholen. Das kann man nun wie mit den Nigiri Game bis zum Ende des Dojo machen, oder man folgt einfach dem Embusen der Kata Sanchin.

Übung 2

In jeder Hand ein Ishi Sashi halten, rechts Schritt nach vorne in Zenkutsu Dachi machen und mit rechts eine Zuki-Bewegung nach vorne, dabei den anderen Arm zu Hikite hochheben (Bild A).

Beim Schritt nach vorne erfolgt nun ein kreisförmiges zurück und nach unten führen des rechten Ishi Sashi (Bild B).

Dabei das linke Ishi Sashi in Hikite-Position hochnehmen (Bild C). Beide Armbewegungen beginnen und enden gleichzeitig. Dabei einatmen

Nun links nach vorne in Zenkutsu Dachi und links eine Zuki-Bewegung nach vorne, dabei den anderen Arm zu Hikite hochheben (Bild D). Dabei ausatmen.

Bevor man den nächsten Schritt macht zunächst entspannen. Nach zwei bis drei Schritten eine Wendung um 90° oder 180° machen und dem Embusen der Kata Shisochin folgen. Die Bewegungen sollten ebenfalls ruhig und geschmeidig erfolgen. Die Schulter nach unten ziehen und die Achseln geschlossen halten. Während der Übung sich auf das Tanden den Atem konzentrieren.

Übung 3

A

B

Einen Fuß in eine der Sashi stecken, dann das Knie langsam hochheben wieder nach unten senken. Diese Übung ist nicht nur ein Training für die Beinmuskeln, sondern auch ein guter Test für die Balance. Man wird schnell feststellen, dass eine korrekte Ausrichtung des Gleichgewichts ein wesentlicher Vorteil bei dieser Übung ist. Einfach durch das Anheben des Sashi wird bereits das Gleichgewicht getestet. nach unten der die neu in eine solche Ausbildung, Während eine gewisse Gewöhnung an die Sashi erfolgt, kann man auch anspruchsvolleren Übungen machen.

4. Tetsu Geta 鉄下駄 – Eisensandalen

Tetsu Geta vom Autor

Heutzutage werden diese „Gewichtsschuhe" meist aus Eisen/Stahl 鉄 hergestellt und nicht wie früher aus Stein (Ishi 石. Die Übungen mit den Tetsu Geta sind begrenzt und die meisten können genauso gut mit dem Ishi Sashi oder mit modernen Fußgewichten gemacht werden. Bei den traditionellen Geta liegt jedoch der Fokus auf den Zehen, die Zehen müssen die Riemen fest greifen um zu verhindern, daß durch die Fliehkraft die Geta wegfliegen.

Durch die hohen Stege sollten früher die Füße des Trägers vom Erdboden abgehoben und so vor Schlamm und Unrat geschützt werden, die früher die Straßen bedeckten.

Durch das Trainieren mit den Geta wird auch das Gleichgewicht entwickelt, da es besonders am Anfang schwierig sein kann auf den Geta zu stehen und sich zu bewegen. Es können damit sämtliche Fußtritte im traditionellen Karate geübt werden. Man sollte am Anfang langsam und Bedacht üben, bis man sich an die Herausforderungen gewöhnt hat, die die Geta an das Gleichgewicht stellt.

Übung 1

Auf zwei Geta stehen und die Hände an den Hüften (Bild A) abstützen.

Das Knie nun so schnell wie möglich anheben, als ob man einen Hiza Geri (Bild B) ausführt.

30 Wiederholungen, danach mit dem anderen die Übung ausführen.

Diese Übung wird nicht in der gleichen entspannten Art und Weise wie mit dem Ishi Sashi gemacht. Die Geta werden mit den Zehen gegriffen und die Beine werden nach oben „gehoben", so als ob man sich mit dem Fuß vom Boden explosiv weg katapultiert.

Übung 2

In rechts Zenkutsu Dachi stehen, die Hände ruhen an den Hüften (Bild A),

das hintere Bein anheben wie bei Hiza Geri (Bild B)

aus dieser Position langsam einen Mae Geri ausführen (Bild C)

Den Fuß wieder zurückziehen und in Zenkutsu Dachi nach hinten absetzen.

Mit dem linken Bein 10 Wiederholungen ausführen, dann die Seite wechseln und mit dem anderen Bein den Tritt wiederholen.

5. Makiagi Kigu 巻揚 – Gewicht zum aufrollen

Dieses grundlegendste Übungsgerät kann man auf der ganzen Welt finden, überall wo sich Menschen einfinden um ihren Körper zu entwickeln. Früher wurden einfach Steine an eine Schnur gebunden und mit einem Stück Holz verbunden und durch Greifen mit dem Handgelenk angehoben. Bei meinen Gesprächen mit Hokama Sensei in Nishihara 2016, wurde von ihm klar dargestellt, dass es viele Gemeinsamkeiten zwischen den Kampfkünsten und Gewichten von alten Webstühlen gibt. Auch die großen und schweren Steine auf den traditionellen Dächern in Okinawa, die während der Taifun-Zeit diese schützen oder auch die provisorischen Anker für kleinere Fischerboote sind nur zwei der vielen Möglichkeiten der Herkunft dieses Übungsgerätes in Okinawa.

Übung 1

In Heiko Dachi oder Sanchin Dachi stehen, die Arme ausgestreckt, die Handflächen zeigen nach unten, das Gewicht ruht auf dem Boden, um das Gewicht anzuheben wird nun das Seil um den Holzstab durch Kontraktion des Griffs (Bild A) aufgewickelt. Zuerst mit der einen und dann mit der anderen Hand. Dabei werden die Muskeln der Handgelenke und der Schultern aktiviert. Die Idee dabei ist, beim Heben und Senken des Gewichts die Finger und die Handgelenke stark zu machen. Den Kopf dabei in einer natürlichen Position und den Rücken gerade halten. Das Gewicht nach oben und wieder nach unten zu bewegen, dies sollte fließend erfolgen. Durch diese Übung wird die Greifkraft besonders gut entwickelt.

Übung 2

Ein anderes Gefühl bei dieser Übung ergibt sich wenn man die Arme in Sanchin no Kamae (Bild B) hält. Den Holzstab auf gleicher Höhe halten und die Wickelbewegung kontinuierlich durchführen um die Muskelspannung nicht zu verlieren.

Übung 3

Wenn diese Übungen zu schwierig sind, dann die Arme zunächst unten vor dem Körper (Bild C) halten. Dies kann für viele eine geeignete Methode sein mit dem Makiagi zu anzufangen. Egal welche Ausführung gemacht wird, man sollte stets bemüht, die Atmung mit der Bewegung zu harmonisieren.

6. Makiwara 巻藁 – Schlagpfosten

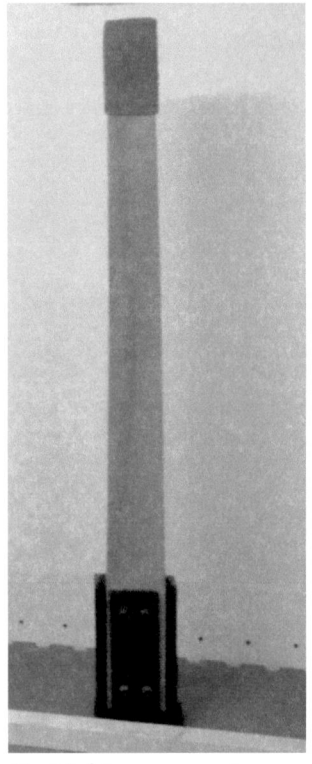

Ein Makiwara vom Autor

Makiwara von Dr. Hokama Sensei

Makiwara mit Stroh umwickelt

Funakoshi beim Makiwara-Training auf Geta (Wikipedia)

Das Makiwara ist vielleicht das bekannteste Übungsgerät das im Hojo Undo verwendet wird. Es verbreitete sich weltweit genauso wie sich das Karate verbreitete. In seiner ursprünglichen Form ist es eine Errungenschaft von Okinawa.

Der Name kommt vom Strohseil (wara 藁 das um den hölzernen Pfosten gewickelt wurde. Dem Stroh werden auf Okinawa auch antiseptische Wirkungen nachgesagt. Wenn die Knöchel der Faust Risse bekommen soll das im Stroh enthaltene Öl dazu beitragen, dass die Wunden nicht verunreinigt werden, wie Dr. Hokama mir bei einem meiner Aufenthalte erklärte.

Unabhängig, ob solch eine „therapeutische" Wirkung dem Stroh zugeschrieben werden kann, wurde als Polster das Material verwendet das man gerade zur Hand hatte. Heutzutage werden die Polsterauflagen meistens aus Leder gefertigt, die mit Gummi gepolstert sind. Hygiene sollte sehr ernst genommen werden. Man sollte niemals ein Makiwara benutzen, auf dem Blut- oder Hautreste vorhanden sind. In meinem Dojo wird die Makiwara nach jedem Gebrauch gereinigt.

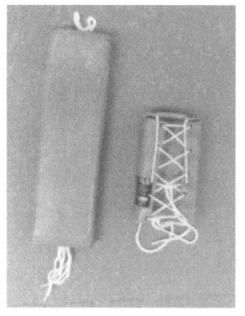
Lederhüllen für das Makiwara von Shureido, so wie der Autor sie in seinem Dojo benutzt.

Ein Makiwara kann freistehend im Boden verankert, in der Erde vergraben oder an einer Wand befestigt sein. Bauanleitungen sind im Internet reichlich zu finden. Als Ergebnis der Arbeit am Makiwara werden sich schwielige Knöchel bilden. Jedoch zeigen schwielige Knöchel nicht die Wirksamkeit der Faustöße oder gar die Fähigkeiten eines Kämpfers.

Um eine körperliche Verbesserung zu erreichen ist es wichtig ernsthaft am Makiwara zu trainieren. Es dient nicht nur der Abhärtung, sondern besonders der Willensschulung.

Albrecht Pflüger (8. Dan), einer der großen deutschen Karate-Pioniere sagt
„Durch das bloße Üben gegen die leere Luft kann man keine wirksamen Karatetechniken erreichen!"

Funakoshi Gichin (1869-1957) *„Ich glaube keineswegs zu übertreiben, wenn ich behaupte, daß das Üben am Makiwara die Voraussetzung für das Heranbilden starker Waffen ist."*

Motobu Chôki (1870-1944) *„[...] Dieser Apparat ist überaus bedeutend für die Heranbildung durchdringender Schläge."*

Übung 1

Man steht mit dem linken Fuß vorne vor dem Makiwara, die rechte Faust zurückgezogen in Hikite, gespannt und bereit zum Fauststoß, die linke Hand berührt das Polster (Bild A) des Makiwara. Man steht völlig entspannt.

Mit der Drehung der Hüfte wird mit der rechten Faust das Makiwara gestoßen (Bild B). Das Ziel wird nur mit den Knöcheln des Zeige- und Mittelfingers getroffen. Die Faust bleibt gerade in einer Linie mit dem Unterarm und das Handgelenk darf nicht abknicken. Vor dem Fauststoß einatmen und im Moment des Auftreffens wird ausgeatmet. Danach wird die rechte Faust wieder in Hikite zurückziehen.

Übung 2

Man steht mit dem linken Fuß vorne vor dem Makiwara. Nun erfolgt ein Fauststoß aufs Makiwara mit der linken Faust (Bild A) dem sofort ein Fauststoß mit der rechten Faust folgt (Bild B).

Diese Kombination sollte mit einem entspannten Gefühl erfolgen, so als ob man das Ziel durchdringen möchte. Vor dem Ziel sollte beschleunigt werden, so daß die Faust durch den Widerstand des Makiwara gestoppt wird. Es ist der ständige Kampf zwischen der erzeugten Kraft durch den Fauststoß und dem Widerstand durch das Makiwara, der im Laufe der Zeit die Schlagfähigkeit verbessert. Das Eindringen ins Makiwara ist ein wesentliches Element des Fauststoßes und es bringt nichts, wenn ein Fauststoß nur auf der Oberfläche des Makiwara auftrifft. Den Körperschwerpunkt leicht abgesenkt, wodurch die Fauststöße unterstützt werden, dabei den Rücken gerade halten. Durch eine starke Ausatmung wird der körperliche und geistige Aspekt der Technik auf den Punkt gebracht.

Übung 3

Seitlich vom Makiwara (Bild A) stehen und mit der linken Faust ausholen

Mit linker Faust Uraken Uchi schlagen (Bild B), dabei die rechte Hand mit starkem Hikite zurückziehen

Mit linken Fuß einem kleinen Seitwärtsschritt machen und den Körper in Zenkutsu Dachi eindrehen um einen starken Gyaku Zuki (Bild C) mit Kiai ausführen.

10-mal diese Kombination wiederholen, dann mit der anderen Seite. Den Körper entspannt halten und sich auf Timing, Atmung, und das Gefühl beim Aufpralls konzentrieren.

Übung 4

Seitlich vom Makiwara (Bild A) stehen und mit der linken offenen Hand für einen Shuto Uchi ausholen, dabei einatmen.

Nun mit der linken Hand Shuto Uchi gegen das Makiwara schlagen (Bild B).

Die Kraft dieser Technik kommt aus der Rotation der Hüfte. Dabei wird die rechte Hand mit starkem Hikite zuzrückgezogen.

Es gibt sehr viele Übungen wie man am Makiwara arbeiten kann. Es würde aber den Rahmen dieses Buches sprengen, wenn ich alle darstellen wollte.

Übung 5

Links vorwärts mittig vor dem Makiwara in stehen. Die rechten Finger der Hand ruhen auf dem Polster (Bild A). Der andere Arm ist gespannt zurückgezogen, bereit zum stoßen. Die Knie leicht gebeugt, der Schwerpunkt abgesenkt. Ruhig durch die Nase einatmen.

Nun aus der Hüfte mit so viel *Explosivkraft* wie möglich, den Handballen in das Polster des Makiwara (Bild B) stoßen, so als wollte man dieses abknicken. Dabei ausatmen.

Zunächst wird das Makiwara die Energie nicht aufnehmen und genau so stark wie es gedrückt wurde in seine normale Position zurückspringen. Im Laufe der Zeit sollte es jedoch, so lange wie die Hand in Kontakt mit dem Polster hat, in einer gebogenen Position bleiben. Dies sollte nur einige Sekunden dauern. Die Idee bei dieser Übung ist es ein Gefühl für die *Explosivkraft* über eine kurze Distanz aufzubauen und nicht, wie lange ein gebogenes Makiwara gehalten werden kann. Wiederholen der Übungen mit der entgegengesetzten Seite gewährleistet, einen gleichen Fortschritt auf beiden Seiten. Es sollte auch daran erinnert werden, dass eine Seite des Körpers ist in der Regel stärker oder besser koordiniert als die andere; deshalb sollte die schwächere Seite vermehrt trainiert werden.

Ishin-Denshin
(Von Herz zu Herz)
© Hokama Tetsuhiro, PhD in Karate
10. Dan Hanshi Goju Ryu Karatedo und Okinawa Kobudo

Die Stellungen des Okinawa Goju Ryu 立ち技

Eine gute Stellung ermöglicht es erst der Technik ihre Wirksamkeit zu geben. Es ist daher sehr wichtig, dass die Stellung stabil ist. Das Okinawa Goju Ryu Karatedo konzentriert sich auch auf flexible Stellungen und schnellen Bewegungen, wobei aber bei hohen und natürlichen Stellungen der Schwerpunkt nach unten gesenkt wird.

Grundprinzipien der Stellungen:

Bei sämtlichen Stellungen ist die Stabilität, die korrekte Positionierung der Wirbelsäule in einer Senkrechten und das Entwickeln des Gefühls im Unterleib (Hara) als Zentrum der Schwerkraft des Körpers wichtig.

Man erhält dadurch volle Bewegungsfreiheit. Man muss das Gefühl entwickeln, in der Stellung zu sitzen und das Gewicht nach unten senken. Die Stellung sollte bequem, stabil und mobil ohne Anstrengung für den Körper sein.

Gemeinsamkeiten aller Stellungen:

- Die Wirbelsäule ist gerade
- Das Kinn wird leicht angezogen, den Nacken strecken
- Die Schultern sind entspannt
- Die Kraft liegt im Unterbauch (Hara)
- Die Knie sind mehr oder weniger abhängig von den Positionen gebeugt, aber befinden sich niemals vor den Fußzehen
- Die Füße sind flach auf dem Boden, die Zehen werden nicht angezogen, weil sonst der Fuß vom Boden abhebt.

Sanchin Dachi 三戦 立ち Drei-Schlachten Stand

Dies ist die grundlegende Stellung des Goju Ryu aus der alle anderen eingenommen werden können. Um Sanchin einzunehmen stellt man beide Füße etwas breiter als Schulterbreit und legt von der Ferse des vorderen Fußes eine gerade Linie zu den Zehen des hinteren Fußes. Die Zehen des vorderen Fußes sind leicht nach innen gedreht, die des hinteren Fußes sind geradeaus gerichtet. Die Knie sind leicht nach vorne gebeugt. Das Becken und die Wirbelsäule sind gerade. nicht nach vorne oder hinten gelehnt. Das Gewicht ist auf beiden Beinen gleichmäßig verteilt. Der Schwerpunkt befindet sich in der Mitte zwischen den beiden Füßen.

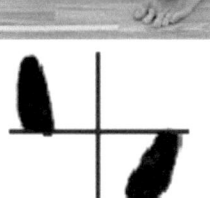

Musubi Dachi 結び立ち   „Achtung"-Stellung

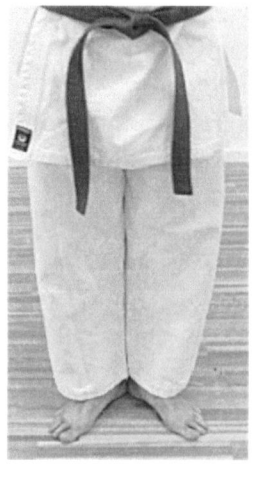

Dies ist die Position die am Anfang zur Begrüßung und am Ende der Kata eingenommen wird. Die Füße sind bei geschlossenen Fersen um 45° nach außen geöffnet. Die Knie bleiben gerade, aber locker.

Heiko Dachi 平行立ち   Paralleler Stand

Die Füße sind parallel und schulterbreit auseinander. Die Knie sind leicht gebeugt und das Gewicht gleichmäßig auf beide Füße verteilt. Der Schwerpunkt befindet sich in der Mitte zwischen den Beinen.

Shiko Dachi 四股立ち　Reiterstellung

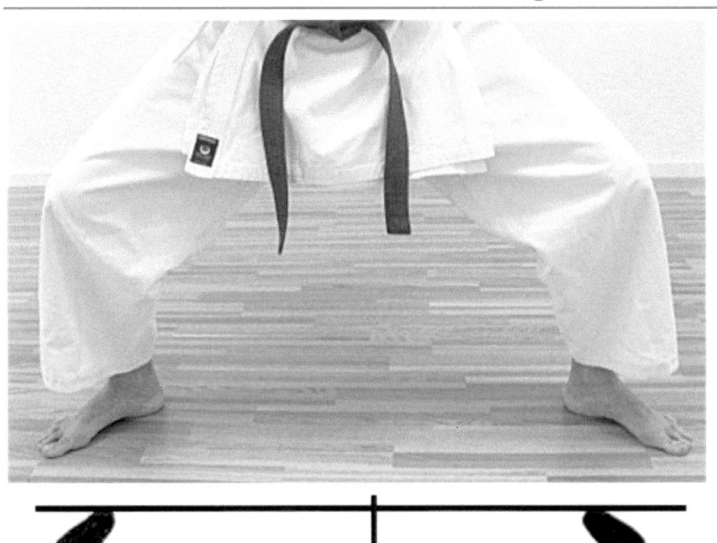

Die Fersen stehen doppelt so breit wie bei Heiko Dachi (schulterbreit) - beide Füße 45° nach außen. Die Hüfte ist gesenkt und die Knie gebeugt, ohne dass diese die Zehen überschreiten. Das Gewicht ist gleichmäßig verteilt, der Schwerpunkt befindet sich in der Mitte zwischen den Beinen.

Shiko Dachi ist zusammen mit Sanchin Dachi die wichtigste Stellung im Goju Ryu.

Zenkutsu Dachi　前屈立ち　Vorwärts gerichtete Stellung

Ein Fuß wird aus Heiko Dachi ca. 80 cm nach vorne gesetzt. Das Knie des vorderen Beines wird gebeugt bis es sich fast über den Zehen, aber nie darüber hinaus befindet. Das Körpergewicht liegt zu 60% auf dem vorderen Bein.

Nekoashi Dachi　猫足立　Katzenfuß Stellung

Das Gewicht des Körpers liegt zu 90% auf dem hinteren Bein, das Knie des hinteren Beins wird in der 45° Achse des Fußes gebeugt. Die Ferse des vorderen Fußes ist leicht angehoben.

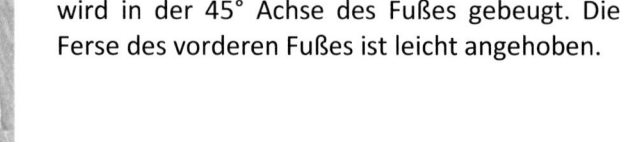

Fußbewegungen: Unsoku-ho 運足法

Während der dynamischen Phase des Kampfes benutzt man verschiedene Haltungen (Kamae) um sich zu positionieren, den Gegner zu stellen, auszuweichen oder um die Angriffs- und Verteidigungstechniken zu unterstützen.

Die Beherrschung der Bewegung zeigt sich unter anderem in der Beibehaltung des Gleichgewichts und der Fähigkeit, mit Stärke und Schnelligkeit zu reagieren und dabei im Hinterkopf die Vorstellung von Kime (die Energie, im Moment der größten Anspannung) in jeder ihrer Bewegungen zu haben.

Schrittbewegung in Sanchin Dachi

Dies ist die grundlegende Bewegung im Goju Ryu. Um vorwärts zu kommen, öffnet man den vorderen Fuß und der hintere Fuß bewegt sich nun halbkreisförmig nach vorne.

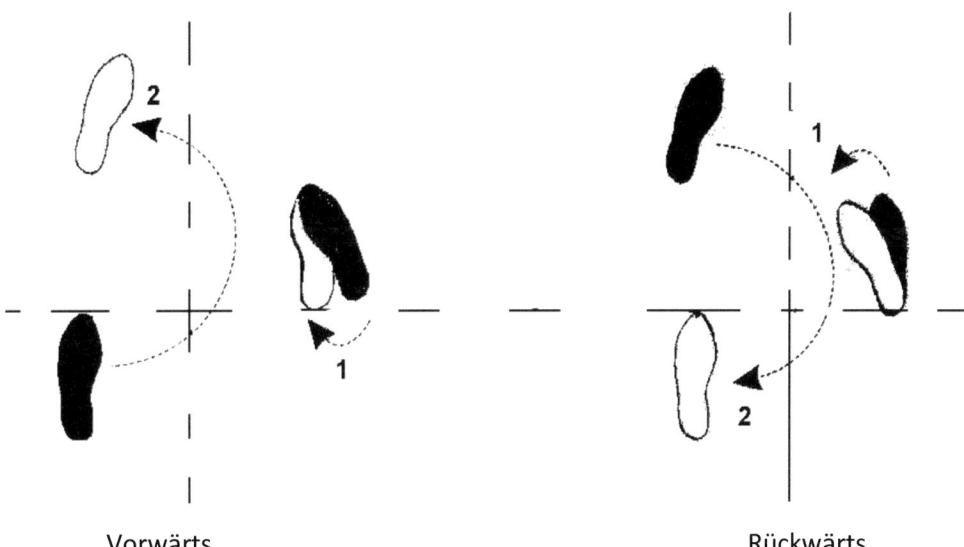

Vorwärts   Rückwärts

Um nach hinten zu kommen, schließt der hintere Fuß nach innen und der vordere Fuß bewegt sich nun halbkreisförmig nach hinten.

Schrittbewegungen in Zenkutsu Dachi

Ayumi Ashi 歩足　Hiki Ashi 引足

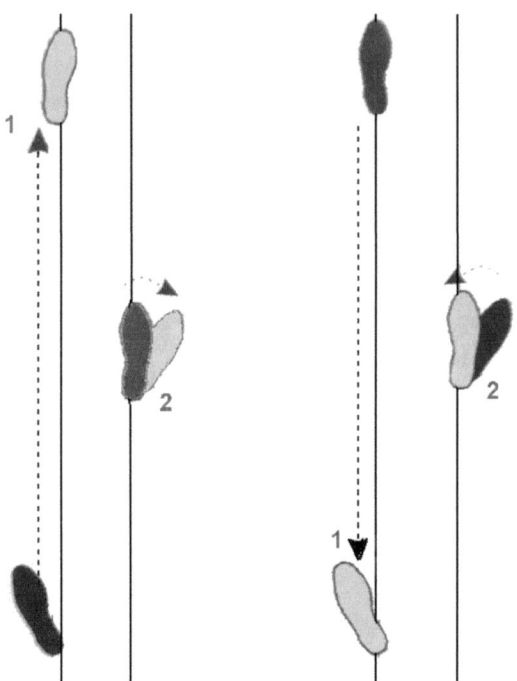

Ayumi Ashi: Dies ist die normale Schrittbewegung. Der hintere Fuß geht gerade nach vorne und bewirkt so eine Änderung der Auslage, dabei bleibt die Beugung der Oberschenkel erhalten.

Hiki Ashi: Gleiche Bewegung wie bei Ayumi Ashi, nur rückwärts.

Yori Ashi 寄り足 前 / 後ろ

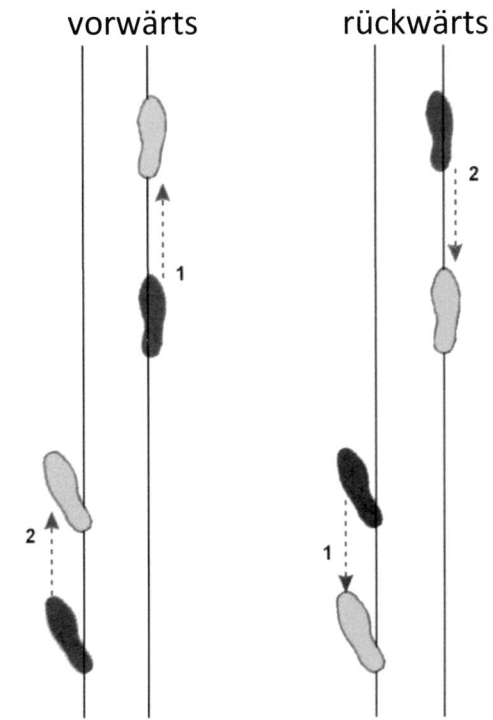

Yori Ashi ist ein gleiten, das für die Neupositionierung verwendet wird, um auf kurze Distanzen anzugreifen oder abzuwehren. Der vordere Fuß wird zuerst nach vorne gesetzt, dann das hintere Bein nachgesetzt.

Diese Bewegung kann auch rückwärts verwenden werden, um ein schnelles Ausweichen zu ermöglichen oder um nach einer Abwehr einen Angriff zu ermöglichen.

Tsugi Ashi 次足

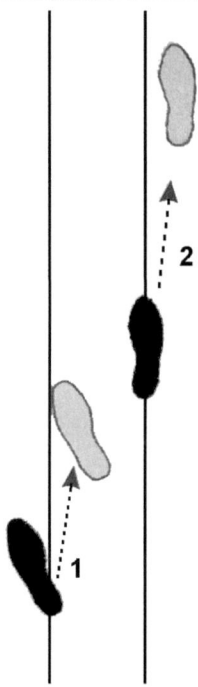

Diese Schrittbewegung wird sehr häufig im Wettkampf-Kumite benutzt. Sie ermöglicht eine sehr schnelle Vorwärtsbewegungen ohne Änderung der Auslage. Sie ist geeignet für schnelle Angriffe nach vorne. Das hintere Bein bewegt sich zunächst zum vorderen Fuß ohne dieses jedoch zu überschreiten oder zu berühren, dann bewegt sich der vordere Fuß schnell nach vorne.

Oi Ashi 追い足

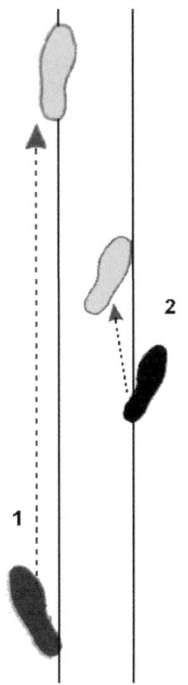

Diese Schrittbewegung wird ebenfalls häufig im Wettkampf-Kumite benutzt. Sie ermöglicht eine sehr schnelle Vorwärtsbewegungen mit gleichzeitigem Auslagenwechsel. Sie ist ebenfalls geeignet für schnelle Angriffe nach vorne. Das hintere Bein bewegt sich zunächst einen Schritt nach vorne, dann wird der hintere Fuß schnell nachgezogen.

Diese Schrittbewegung kommt auch in den Kata vor.

Die Wendung: Mawate 回て / 回る

Diese Art der Wendung wird am häufigsten im Kihon und den Kata verwendet.

Der vordere Fuß setzt so weit über, dass die Füße gekreuzt sind, der Körper dreht dann im Hara um 180° in die entgegengesetzte Richtung.

Auf diese Art wird die Drehung bei fast allen Stellungen durchgeführt. Eine Ausnahme stellt die Wendung im Nekoashi Dachi dar.

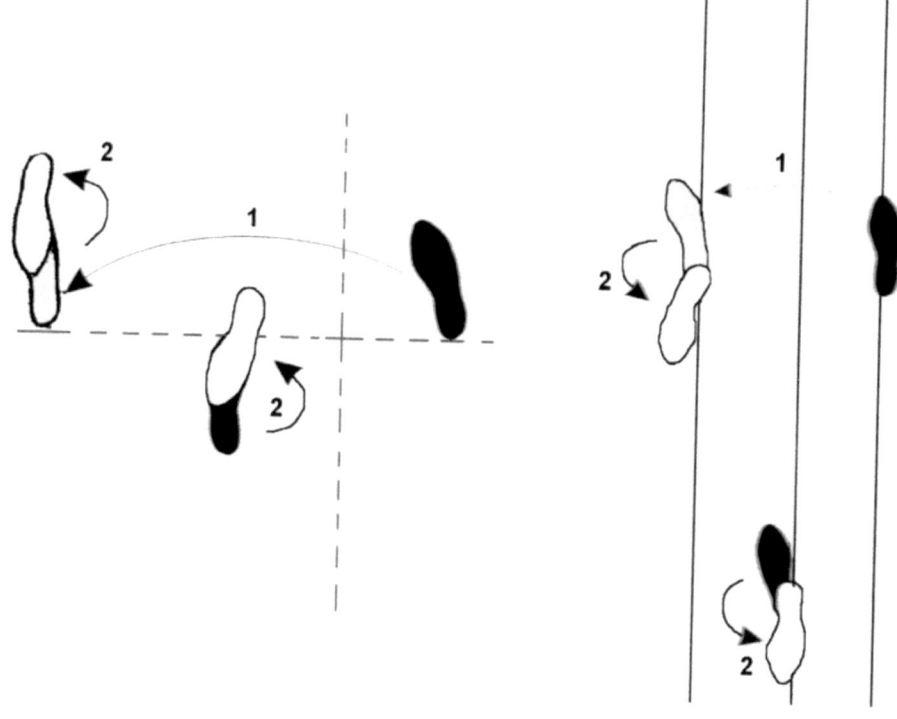

Sanchin Dachi   Zenkutsu Dachi

Abwehrtechniken 受け技

Die Abwehrtechniken im Goju Ryu werden mit einem Gefühl der Schwere, aber mit elastischer Zähigkeit ausgeführt. In Okinawa nennt man dies „Muchimi". Das Wort „Muchimi" ist in keinem japanischen Wörterbuch zu finden. Es ist ein einzigartiges authentisches Wort aus Okinawa –welches das einheimische Konzept der Kraftübertragung beschreibt. Das Wort kommt eigentlich vom Wort „Mochi", dem klebrigen Reiskuchen.

Die Techniken sind daher nicht starr, sondern flexibel und sie schaffen eine Schutzzone um den Körper. Man wehrt nicht am Handgelenk, sondern in der Regel mit dem Unterarm ab.

Beim Abwehren muss die Verbindung zwischen den Füßen, Knie, Becken, Wirbelsäule, Schultern, Nacken, Ellbogen und der Kontaktfläche gesucht werden.

Es gibt viele Abwehrtechniken im Goju Ryu Karate. Nachfolgend sollen nur die wichtigsten vorgestellt werden. Diese Abwehrtechniken dienen gegen Angriffe gegen die drei Stufen:

Jodan Age Uke 上段揚げ受け

Jodan Age Uke ist eine Verteidigung gegen einen Jodan Angriff zum Gesicht. Zu Beginn der Abwehr steht die Faust vor der Stirn. Dann zieht man die Hand senkrecht vor dem Kopf abwärts und zur linken Seite (Brusthöhe) (Hikite). Gleichzeitig führt man den rechten Unterarm aufwärts. Der abwehrende Arm bewegt sich – vom Körper hergesehen – außen, der andere Arm innen. Bei richtiger Ausführung bilden linker und rechter Unterarm, wenn sie aneinander vorbeigehen, vor der Brust ein Kreuz. Der rechte Ellbogen wird, wenn man die Abwehr einleitet dicht am Körper vorbeigeführt. Die Fläche, mit der man abwehrt, ist die Kleinfingerseite des Unterarms. Der Vorderarm wird von innen nach außen gedreht, wenn man ihn hochführt. Der Ellbogen wird dabei ständig gebeugt gehalten, Handgelenk und Muskeln des Unterarms werden beim Kontakt angespannt.

Diese Abwehr kommt ausschließlich in den beiden Kata Gekisai 1 & 2 vor.

Chudan Yoko Uke 中段横受け

Chudan Yoko Uke ist eine Verteidigung gegen einen Chudan Angriff zum Solar Plexus.

Mit der rechten Faust, mit dem Faustrücken nach unten, wird unter dem linken Ellbogen die Abwehr eingeleitet. Der Unterarm wird, mit dem Ellbogen als Drehpunkt, vorwärts und aufwärts geführt. Der zu Oberkörper zielende Angriff wird abgelenkt, indem der Unterarm des Angreifers mit der Daumenseite des eigenen Unterarms von innen nach außen abgelenkt wird. Man achte darauf, dass der Ellbogen, sobald er den Arm des Angreifers trifft, um 90° gebeugt ist, dass die Faust etwas tiefer als die Schulter liegt und der Unterarm steil nach oben zeigt. Wenn der rechte Unterarm zur Abwehr nach vorn gebracht wird, wird die linke Faust zurückgezogen. Der Unterarm wird von innen nach außen gedreht, wenn man ihn zur Abwehr nach vorne bringt, Handgelenk und Unterarmmuskeln werden angespannt. Der Abstand zwischen Ellbogen und Körper sollte eine Faustbreite betragen.

Gedan Uke 下段受け

Gedan Uke ist eine Verteidigung gegen einen Gedan Angriff zum Unterbauch.

Bei Gedan Uke wird dir rechte Faust, mit dem Faustrücken nach vorne, seitlich neben das Gesicht gehoben. Nun wird der Unterarm kreisförmig nach unten abwärtsgeführt, wobei der Ellbogen gestreckt und der Angriff des Gegners mit der Kleinfingerseite nach außen gefegt wird. Dabei wird der rechte Arm zur Körperseite zurückgezogen (Hikite) und ebenfalls das Handgelenk und die Unterarmmuskeln angespannt.

Wenn man diese Abwehr in Shiko Dachi ausführt, steht die abwehrende Faust in ihrer Endstellung ca. eine Faustbreite über dem Knie. Der abwehrende Arm muß einen großen Kreis beschreiben, da hierbei die Kraft der Hüften nicht eingesetzt werden kann.

Chudan Kake Uke 中段掛け受け

Chudan Kake Uke ist eine Verteidigung gegen einen Chudan Angriff zum Solar Plexus. Die Unterarme sind ca. 15 bis 20° gegenüber dem Boden geneigt. Die Hände kreuzen sich in einer Ellipse vor dem Körper und schützen so den gesamten Körper. Die Handflächen zeigen immer nach vorne. Der Abstand vom Ellenbogen zum Körper beträgt ca. eine Faustbreite.

Chudan Ko Uke 中段弧受け

Chudan Ko Uke ist eine Verteidigung gegen einen Chudan Angriff.

Der Arm macht eine schnelle Bewegung von innen nach außen, wobei das Handgelenk sehr flexibel bleibt. Am Ende der Bewegung wird das Handgelenk so weit wie möglich zum Unterarm hin gebeugt. Blockiert wird mit dem Handgelenksrücken. Der Ellenbogen bleibt dabei nah am Körper. Die andere Hand bleibt zu Schutz vor dem Solar Plexus.

Chudan Ura Uke 中段裏受け

Chudan Ura Uke ist eine Verteidigung gegen einen Chudan Angriff. Der Arm, der die Abwehr macht führt eine bogenförmige Bewegung von innen nach außen und nach unten aus. Am Ende der Bewegung ist die Handfläche nach vorne gerichtet und das Handgelenk sehr stark gebeugt. Die andere Hand liegt als Schutz vor dem Solar Plexus.

Gedan Shotei Harai Uke   下段掌底払い受け

Gedan Shotei Harai Uke ist eine Verteidigung, um einen Angriff auf die Region zwischen dem Solar Plexus und der Taille abzulenken.

Die abwehrende Handfläche wird seitlich neben dem Gesicht gehoben und dann in einer kreisförmigen Bewegung von innen nach außen vor dem Körper nach unten geführt, wo sie leicht neben der Körperseite endet. Der Abstand zwischen dem Ellenbogen und dem Körper beträgt ca. eine Faust.

Kuri Uke　　くり受け

Kuri Uke ist eine Abwehr die mit dem Ellbogen von oben nach unten in einem Winkel von 45° ausgeführt wird. Man holt neben dem Ohr aus und stößt den Ellbogen nach unten.

Mawashi Uke / Tora Guchi 回し受け / 虎口

Mawashi Uke ist eine kreisförmige Verteidigung gegen einen Chudan Angriff.

Die Arme, die die Abwehr machen, führen eine kreisförmige Bewegung nach oben und außen bzw. nach unten und außen aus. Am Ende der Bewegung zeigen die Handflächen nach vorne und die Handgelenke sind sehr stark gebeugt.

Die Abwehr wird vervollständigt, indem man mit beiden Handflächen nach vorne stößt und so einen Gegenangriff gleichzeitig gegen die Schlüsselbein- und die Leistenregion ausführt.

Diese Technik ist eine der typischen Abwehrtechniken im Goju Ryu Karate.

Stoß- und Schlagtechniken　　突き/打技

Traditionelles Goju Ryu Karate ist in erster Linie pure Selbstverteidigung. Die benutzten Angriffstechniken sind sehr vielfältig. Man verwendet vor allem Techniken mit der offenen Hand.

Grundprinzipien:

- Man muss jeden Angriff mit dem Gedanken ausführen, dass die Technik einige Zentimeter durch das Ziel hindurchgeht.
- Arme und Beine werden während der Bewegung ohne Anspannung benutzt.
- Das Ziel eines Angriffs ist die „Projektion" der Kraft durch den Körper.
- Bei jeder Technikausführung wird ausgeatmet.
- Schläge und Tritte werden ohne unnötige Muskelanspannung gemacht. Je entspannter, desto schneller und effizienter wird die Technik. Hände und Füße werden beim Auftreffen angespannt.

Achte auf die Gelenke.

- Halte die Ellenbogen nach unten.
- Strecke niemals die Ellbogen und Knien schnell voll durch.

Handtechniken 手技

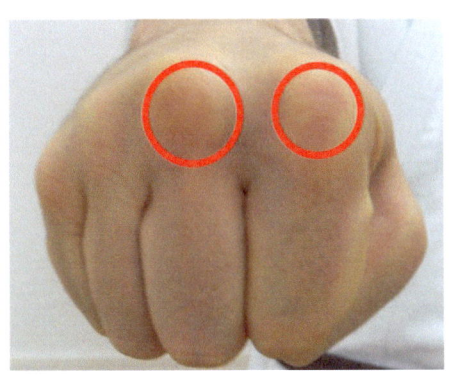

正拳 Seiken
die Vorderfaust

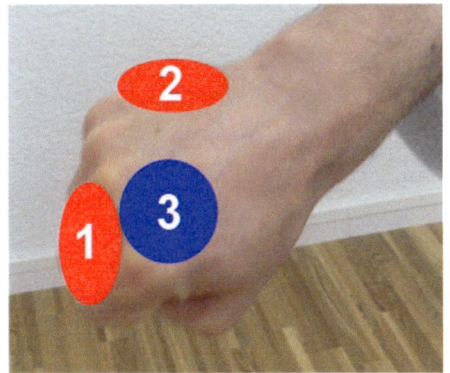

1. 正拳 Seiken
die Vorderfaust
2. 拳追 Kentsui
der Fausthammer
3. 裏拳 Uraken
der Faustrücken

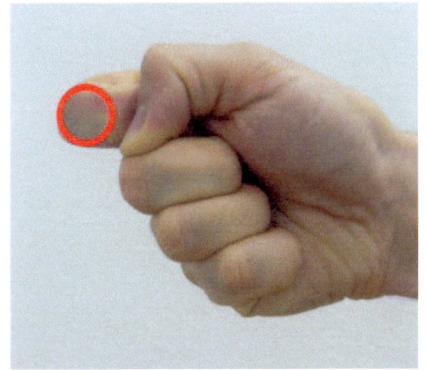

鶏口拳 Keikoken
die Hühnerschnabelfaust

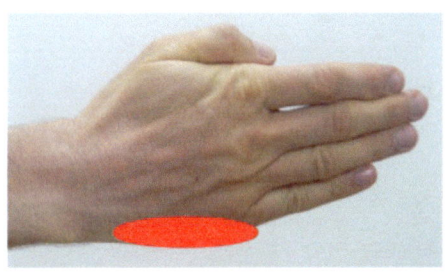

手刀 Shuto
die Schwerthand

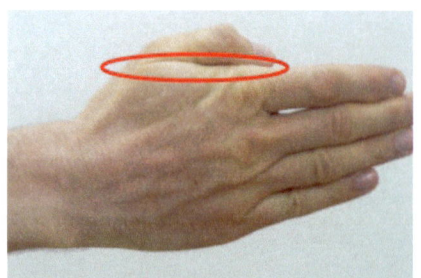

指刀 Haito
auch Ura Shuto 裏手刀
Schlag mit der Innenkante der Hand

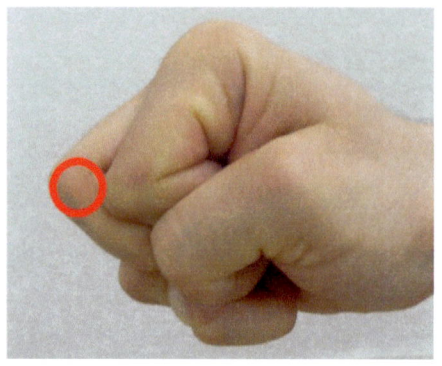 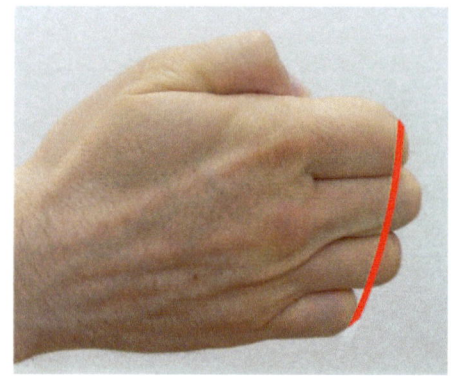

中高一本拳 Chukoken
die Mittelfinger Einknöchelfaust

蟹甲拳 Kaikoken
die Krebsrückenfaust

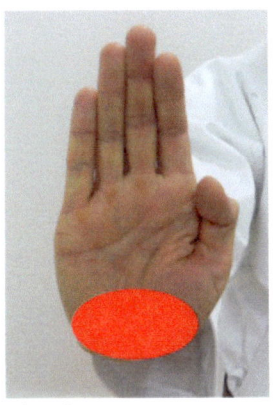

掌底　　Shotei
der Handballen

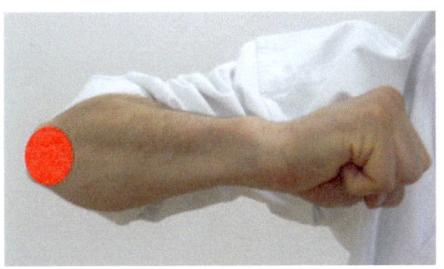

肘 Hiji
der Ellbogen

Seiken Zuki　正拳突き

Seiken Zuki ist der grundlegende Fauststoß im Karate. Seiken Zuki ist ein Fauststoß mit der Vorderfaust (Knöchel des Zeige- und Mittelfinger) auf ein Ziel, das sich auf Brusthöhe genau vor dem Körper befindet. Der Unterarm wird 180° einwärtsgedreht und der Arm gestreckt, als sei er ein Speer, den man von der Körperseite aus vorstößt. Man kann diesen Fauststoß in verschiedenen Höhen/Stufen und Positionen durchführen.

Der „richtige Weg" ist, wenn der Ellbogen während des Stoßes dicht am Körper vorbeistreift und der Unterarm während der Bewegung kontinuierlich um 180° einwärtsgedreht wird.

Der rechte Arm wird während des Stoßes gleichzeitig stark zurückgezogen (Hikite). Beim Auftreffen müssen das Handgelenk und die Unterarmmuskeln angespannt werden. Es muß vermieden werden, dass sich die Schulter nach vorne bewegt oder angehoben wird. Deshalb muß die Schulter locker, ganz normal und ungezwungen gehalten werden.

Fehler, die vermieden werden müssen!

Der Ellebogen geht während des Faust-stoßes nach außen.

Die Schulter wird angehoben

Die Schulter kommt zu weit vor.

Ura Zuki　裏突き

Ein gerader Fauststoß, ohne Drehung des Handgelenks, der im Nahbereich verwendet wird. Der Stoß geht gerade nach vorne auf Chudan Höhe.

Age Zuki 揚げ突き

Ähnlich wie Chudan Ura Zuki, wird die Faust nicht gedreht. Der Fauststoß geht auf direktem Weg von unten nach oben zum Kinn.

Shuto Uchi (Suihei) 手刀打（水平）

Die zweite Technik mit Handkante (Shuto), jedoch diesmal mit einer großen kreisförmigen Bewegung von innen nach außen. Ziel dieses Angriffs ist der Hals.

Shuto Uchi 手刀打

Mit dieser Technik werden sowohl die Schläfe (Kasumi), die Halsseite sowie die Rippen angegriffen. Die rechte Hand holt neben dem rechten Ohr aus. Die linke Hand wird zur linken Seite zurückgezogen und gleichzeitig mit der rechten Hand von außen nach innen zum Ziel geschlagen. Beim Auftreffen zeigt die Handfläche nach oben. Die Hand wird gestreckt und die Handfläche angespannt, die Finger aneinandergepresst. Auf ein festes Handgelenk muß geachtet werden, damit der Schlag kraftvoll wird. Der Ellbogen wird entspannt, um eine schnelle Bewegung zu erreichen.

Mawashi Zuki 回し突き

Ein kreisförmiger Stoß mit der Vorderfaust (Seiken). Das Ziel ist in der Regel der Unterkiefer auf Jodan Höhe oder die kurzen Rippen auf Chudan Höhe.

Haito Uchi 指刀打

Die Technik mit der inneren Handkante (Haito). Eine große kreisförmige Bewegung von außen nach innen.

Shotei Ate　掌底当て

Ein Stoß mit dem Handballen. Diese Technik kann Jodan oder Chudan durchgeführt werden.

Uraken Uchi (Mae)　裏拳打（前）

Ein Schlag mit dem Faustrücken. Der Unterarm macht eine Kreisbewegung vertikal von oben nach unten. Wichtig bei dieser Technik ist das Schnappen des Handgelenks beim Auftreffen im Ziel.

Kentsui Uchi 拳追打

Schlag mit der Faustunterseite. Man holt neben dem Kopf aus und schlägt von oben nach unten. Ziel ist der Kopf wie in der Kata Saifa.

Mae Hiji Ate 前肘当て

Direkter Angriff mit dem Ellbogen nach vorne durch eine leicht kreisförmige Bewegung von unten nach oben. Der Arm darf nicht geöffnet werden. Ziel ist der Solar Plexus, aber auch das Kinn des Gegners kann angegriffen werden.

Mawashi Hiji Ate　回し肘当て

Der Ellbogen schlägt in einer kreisförmigen Bewegung von außen nach innen. Ziel ist der Solar Plexus oder die kurzen Rippen.

Fußtechniken

Okinawa Goju Ryu Karate ist sehr traditionell und verzichtet weitestgehend auf Tritte die auf Ziele oberhalb der Taille gerichtet sind. Im richtigen Kampf gegen einen oder mehrere Gegner sind diese Tritte zu riskant, da die Gefahr besteht, die Balance zu verlieren und der Unterleib nicht mehr geschützt ist.

In der traditionellen Kata gibt es nur zwei Arten von Tritten:
1. Mae Geri, zum Unterleib getreten (Kin Geri)
2. Kansetsu Geri, zum Knie getreten

Jedoch werden im Training auch weitere Tritte geübt sowie auf verschiedene Höhen getreten. Ziel sollte sein, sich dadurch an alle Arten von Tritten als Angriff zu gewöhnen.

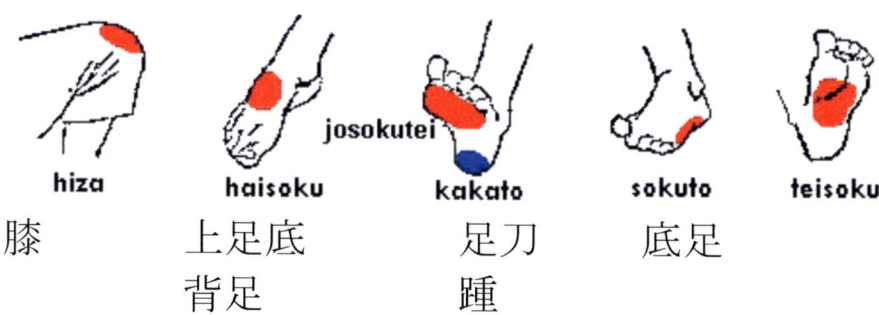

Hiza Geri 膝蹴り

Man beginnt in Kampfstellung indem man das Knie des hinteren Beins schnell anzieht und gleichzeitig beide Hände stark nach unten zum Knie reißt. Der Hiza Geri ist eine Technik für den Nahkampf. Er wird als gerader Tritt wie in der Kata Saifa oder kreisförmig verwendet.

Mae Geri 前蹴り

Man beginnt in Kampfstellung. Man zieht das Knie des hinteren Beins schnell an und hält dabei die Fußsohle parallel zum Boden. Dann werden die Zehen aufwärtsgerichtet und das Fußgelenk angespannt. Nun führt man eine kräftige Schnappbewegung nach vorne aus. Die Auftrefffläche ist der Fußballen. Nach dem Treffen muß der Fuß sofort zurückgeschnappt werden, denn ein schnelles Zurückziehen hindert den Gegner daran, das Bein zu fassen und ermöglicht ein sofortiges Zurückkehren in einen sicheren Stand. Im Moment des Treffens werden Fußgelenk und die Muskeln des Beins angespannt.

Der Fußstoß muß von Anfang bis zum Ende sehr flüssig sein, ohne merkbare Unterbrechung, weder beim Anheben des Knies, noch beim Treffen.

Mawashi Geri 回し蹴り

Man beginnt in Kampfstellung. Man hebt das Knie des hinteren Beins schnell hüfthoch an und bringt den Fuß zur Seite bis dicht an die Hüfte. Die Zehen zeigen zur Seite, die Fußsohle nach hinten. Ober- und Unterschenkel sollen auf gleicher Höhe und parallel zum Boden sein. Das Knie wird so weit wie möglich gebeugt, so dass die Ferse fast die Hüfte berührt. Nun lässt man mit einer Drehbewegung der Hüfte den Fuß nach vorne schnappen. Der Fuß wird sofort zurückgezogen, wobei man sich um einen sicheren Stand bemühen muß.

Vor allen während des Tretens darf sich das Standbein nicht vom Boden abheben. Der Mawashi Geri ist am wirksamsten, wenn der Fußballen das Ziel mit größter Schnelligkeit in einem Winkel von 90° trifft.

Yoko Geri　　　　　横蹴り

Man beginnt in Kampfstellung. Man hebt das Knie des hinteren Beins an und streift dabei mit dem Fuß leicht an der Innenseite des Unterschenkels vorbei, bis die Fußsohle die Innenseite des Knies berührt.

Die Zehen werden nach vorne und die Fußkante abwärts, parallel zum Boden gerichtet. Man tritt seitwärts und trifft mit dem Fersenanteil der Fußaußenkante das Ziel, wobei Fußgelenk und Muskel angespannt werden. Nun wird der Fuß so schnell wie möglich in seine Ausgangsstellung zurückgezogen, wobei man sich bemühen muß wieder sicher zu stehen.

Je höher das Ziel liegt, desto höher muß man das Knie anheben.

Kansetsu Geri   間接蹴り

Dieser Tritt gleicht dem Yoko Geri. Man hebt das Knie so hoch wie möglich an und tritt dann in einem Winkel von 45° zum Knie des Gegners. Nachdem man getroffen hat, zieht man das Knie wieder hoch, um es erst dann wieder abzusetzen.

Shu Ha Ri
© Hokama Tetsuhiro, PhD in Karate
10. Dan Hanshi Goju Ryu Karatedo und Okinawa Kobudo

Kata 形 oder 型

Kata die von **Higaonna Kanryo** Sensei unterrichtet wurden:
Man weiß kaum etwas über diese 4 Kata „**Sanchin, Sanseiru, Seisan, Suparinpei**", die von Higaonna Sensei unterrichtet wurden, da die Urheber und somit auch die Herkunft dieser Kata unbekannt sind.

Kata die von **Miyagi Chojun** Sensei gelehrt wurden:
Neben den Kata die Miyagi Sensei bei Kanryo Higaonna gelernt hatte, übernahm Miyagi Sensei in sein Goju Ryu die Kata „**Saifa, Shisochin, Seienchin, Seipai** und **Kururunfa**". Miyagi hat auch Änderungen an den Kata wie sie von Higaonna gelehrt wurden vorgenommen, vor allem bei der Kata Sanchin. Higaonna unterrichtete diese Kata mit Wendungen, wohingegen Miyagi Sensei die Kata mit Schritten vorwärts und rückwärts ausführte.

Kata die von **Miyagi Chojun** Sensei entwickelt wurden:
Gekisai Dai Ichi, **Gekisai Dai Ni** und die Kata **Tensho**.
Die Kata Fukyu wurde von Miyagi Sensei und Nagamine Sensei vom Matsubayashi Ryu (Shurite Stil) erstellt. Ziel war es, grundlegende Kata, für beide Schulen und für Anfänger zu erschaffen. Die Fukyu Ichi wurde von Miyagi Sensei und die Fukyu Ni, durch Nagamine Sensei für sein Matsubayashi Ryu erstellt, sie entspricht der Gekisai Ichi.

Kata die von **Toguchi Sekichi** Sensei entwickelt wurden:
Toguchi Sensei entwickelte folgende Kata für seinen Shoreikan Stil des Goju Ryu:
Hokyu Kata 1, Hokyu Kata 2, Gekisai Dai San, Gekiha 1, Gekiha 2, Kakuha 1, Kakuha 2 und Hakutsuru. Toguchi sagte in einem Interview, dass er diese Kata nach Gesprächen mit Miyagi Sensei entwickelt hätte und so die Ideen von Miyagi Sensei weitergeben möchte.

Kata die von **Yagi Meitoku** Sensei entwickelt wurden:
Tenchi, Seiryu, Byakko, Shujaku und Genbu

Kata die von **Yamaguchi Gogen** Sensei entwickelt wurden:
Taikyoku Jodan 1 und 2, Taikyoku Chudan 1 und 2, Taikyoku Gedan 1 und 2, Taikyoku Kake Uke 1 und 2, Taikyoku Mawashi Uke 1 und 2, Taikyoku JoChuGe
Gen-Kaku und Chi-Kaku sind Kranich-Formen

<u>Kata die von **Yamaguchi Goshi** Sensei entwickelt wurden:</u>
Ko-Ryu und Ten-Ryu sind Drachen- Formen

<u>Kata die für das Schulsystem der Präfektur Okinawa u.a. von **Hokama Tetsuhiro** Sensei entwickelt wurden:</u>
Kyozai-GATA wurde 1984 veröffentlicht. Der Zweck ist, Karate dabei zu helfen, sich zu verbreiten und die Popularität zu steigern, deshalb sind die Techniken etwas linear und monoton, aber sie umfasst schwierige Hüftbewegungen und gleichzeitige Schlag- und Tritt-Kombination.

Sanchin
© Hokama Tetsuhiro, PhD in Karate
10. Dan Hanshi Goju Ryu Karatedo und Okinawa Kobudo

Kata Sanchin 参戦 [三戦]　　Drei Schlach**ten**, drei Konflikte

Die heute verwendeten Kanji bedeuten 参„SAN" drei und 戦„CHIN" kämpfen, Schlacht oder Konflikt.

Also „drei Konflikte" – der Konflikt der Seele, des Körpers und des Geistes zu einer Einheit zu kommen. Durch die richtige Ausführung dieser Kata stärkt man die Gesundheit, erhöht die Vitalität und kräftigt Körper und Geist, so daß man u.a. auch in der Lage ist, harte Angriffe zu überstehen. Miyagi Sensei überprüfte den Fortschritt seiner Schüler an der Ausführung der Sanchin-Kata insbesondere durch Shime Waza.

Sanchin ist nicht nur eine Trainingskata und Atemtechnik, Sanchin ist das Lebenselixier des Goju-Ryu. Dies mag widersprüchlich klingen, aber Sanchin ist die grundlegendste Technik und die wichtigste Methode, *„Sanchin ist eine Kata und sie ist keine Kata."* Vergleicht man die Ausübung der Sanchin mit der Architektur, dann ist Sanchin das Fundament des Gebäudes.

In gleicher Weise können die anderen Kata, wie Gekisai oder Suparinpei, als Tragbalken, Dielen, Wände, usw. gesehen werden. Alles ist um die zentrale Säule (Sanchin) aufgebaut, um das Lehrgebäude (Goju Ryu Karatedo) zu errichten. Die Techniken müssen durch das Training der Sanchin entwickelt und auf der Basis der Atmungsmethoden ausgeführt werden. Obwohl es mehrere Kata im Goju Ryu gibt, sind alle huckepack auf den Wagen Sanchin geladen.

Hokama Sensei erklärt mir die Kata Sanchin mit einer Wasserflasche aus Plastik.
Er vergleicht die Techniken des Goju Ryu mit dem Wasser. Ohne die Flasche (Sanchin), kann das Wasser (Goju Ryu Karatedo) nicht gehalten werden, man kann das Wasser nicht trinken (also die Techniken nicht verwenden). Als Deckel der die Flasche verschließt müssen wir dann die Kata Tensho, den weichen Aspekt des Goju Ryu, betrachten.

Das Wasser im Inneren der Wasserflasche ist Saifa, Sanseiru, Suparinpei, alle Kata. Sie sind nicht getrennt voneinander; sie sind alle gleich dem Wasser. Wenn wir das Wasser benutzen wollen, das Wasser trinken wollen, wäre dies unmöglich, wenn wir die Flasche nicht hätten. Sanchin ist die Flasche. Sanchin ist außen und die Kata sind im Inneren. Sie brauchen die Flasche, sonst kann man das Wasser nicht verwenden. Der Deckel ist Tensho. Du verstehst? [...] "

Die harte (GO) Aspekt des Goju Ryu (Sanchin, die Flasche) wurde von Higaonna Kanryo perfektioniert, während der weiche (JU) Aspekt (Tensho, der Deckel) von Miyagi Chojun erschaffen wurde. Das Erbe dieser beiden großen Meister wird uns in Form des traditionellen Goju Ryu überbracht. Ich möchte noch einmal sehr stark für alle Kata die Bedeutung der Sanchin als Grundlage betonen, als den wahren Kern des traditionellen Okinawa Goju Ryu Karatedo. „Ohne Sanchin, kann es kein Goju Ryu sein."

„Sanchin dient der Gesundheit, ohne gesunden Körper kann man kein Karate ausüben." Hokama Sensei.

Auf die Frage „Wie wichtig ist Sanchin?" antwortete Hokama Sensei:
"Sanchin ist sehr wichtig, wenn Sie Sanchin nicht praktizieren, dann ist es kein Karate. Viele kommen in mein Dojo nach Nishihara und sagen: „Ich kenne, Sanchin". „Sie alle machen einen Fehler, sie denken Sanchin sei einfach, aber Sanchin ist sehr schwierig, Sanchin ist... Qigong und wenn sie kein Qigong ist, hat sie keine Kraft, keine *Power*."

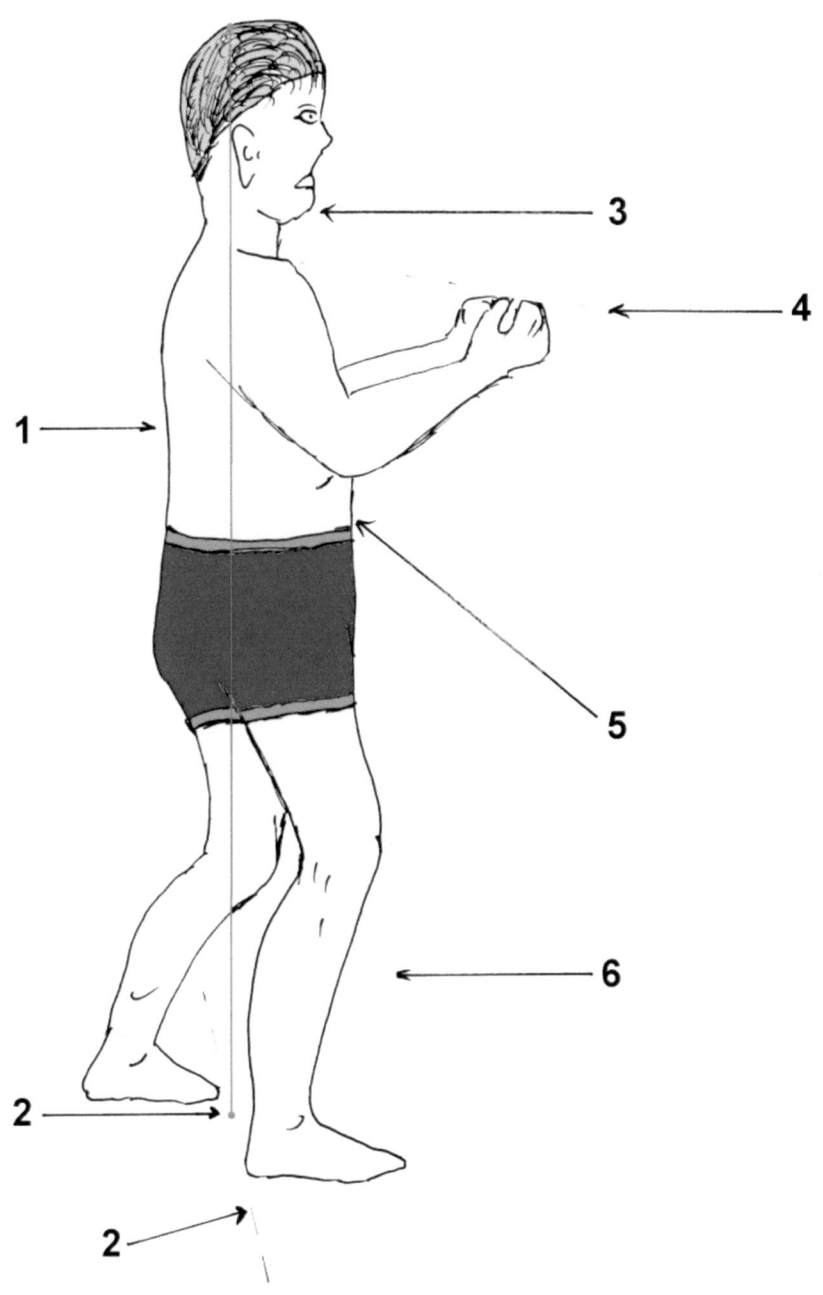

Zeichnung vom Autor

1. Den Rücken gerade aufrichten
2. Der Körper sollte so positioniert sein, dass, wenn man eine Linie von der Kopfspitze zum Boden zieht, diese an der Rückseite der Ferse des vorderen Fußes und an der Spitze des hinteren Fußes sein Ende hätte.
3. Das Kinn leicht nach innen ziehen.
4. Die Ellenbogen sollten so gebogen, dass die Fäuste etwas niedriger als der Schultern sind, so als würde Wasser langsam zwischen diesen beiden Punkten fließen.
5. Der Abstand zwischen den Ellenbogen und Ihren Rippen sollten eine Faust breit sein.
6. Das Knie und die Zehenspitzen des vorderen Fußes sollten übereinstimmen.

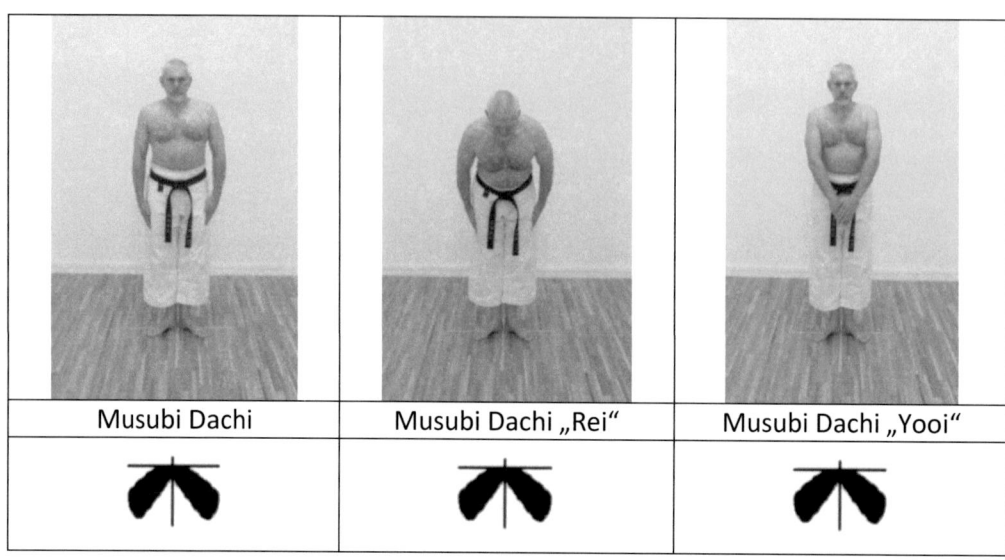

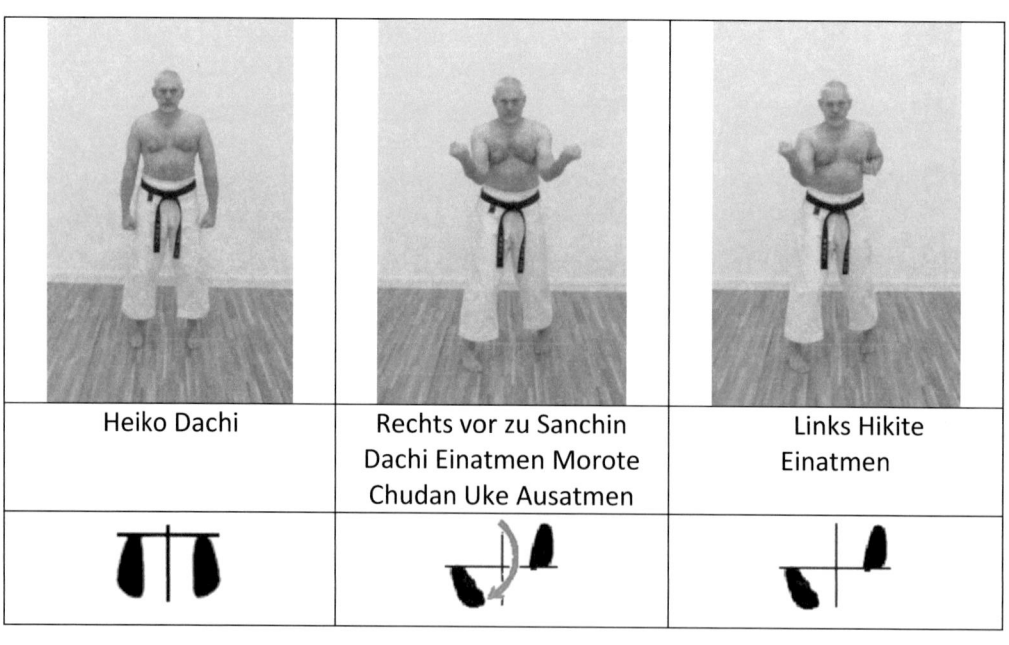

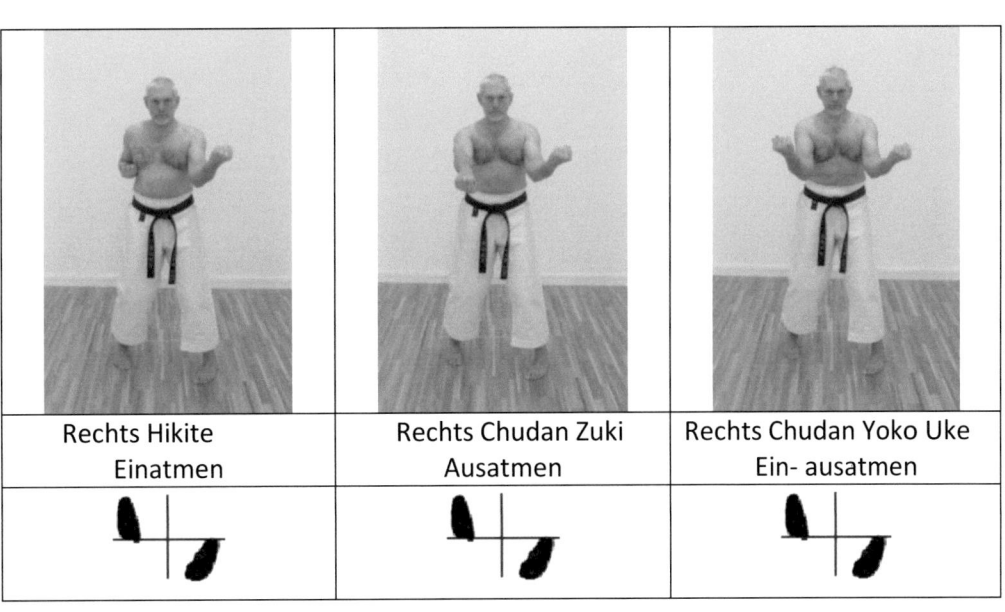

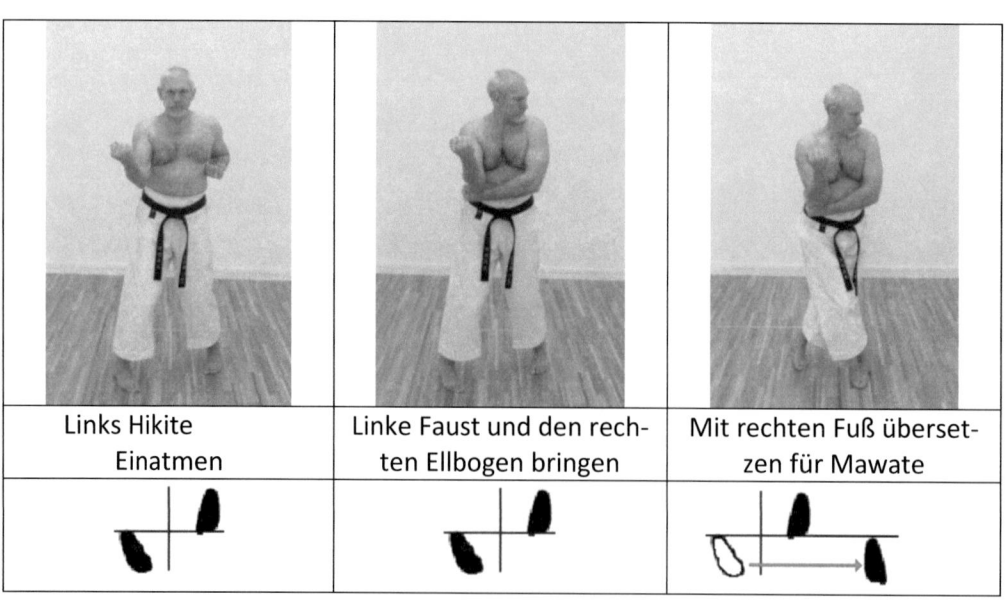

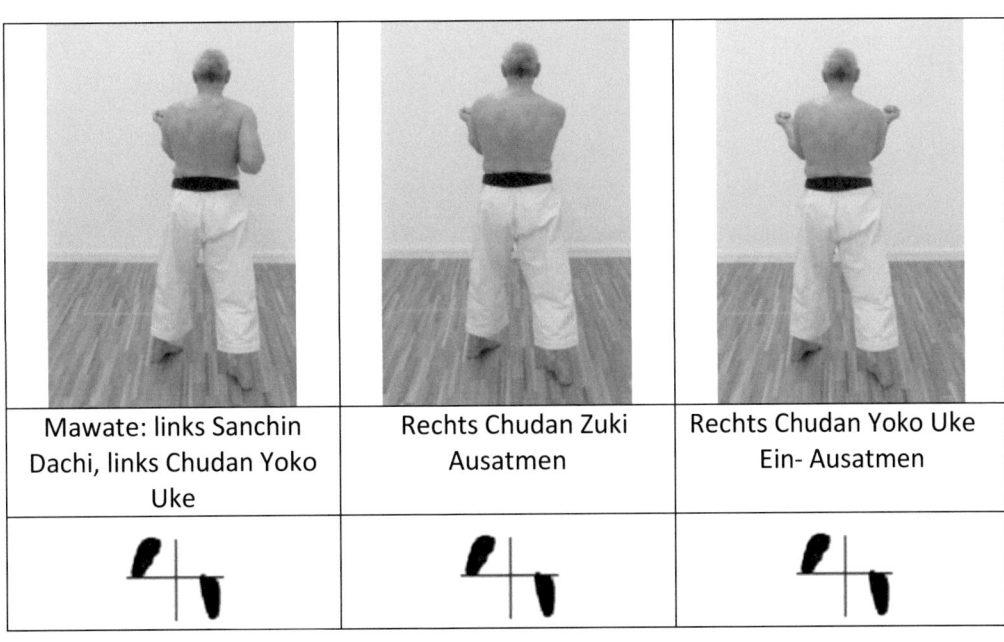
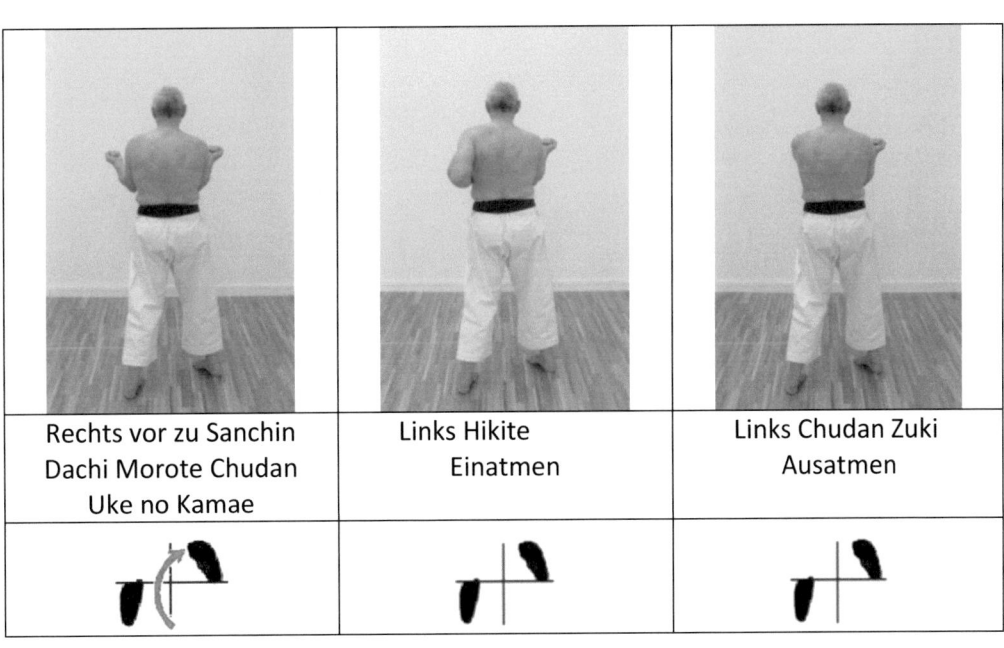

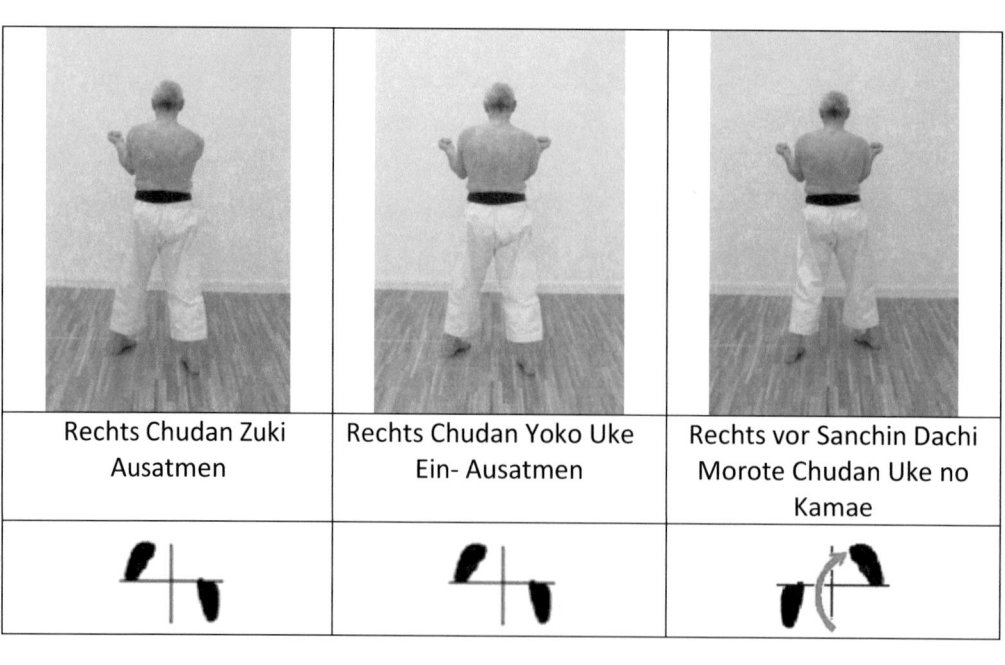

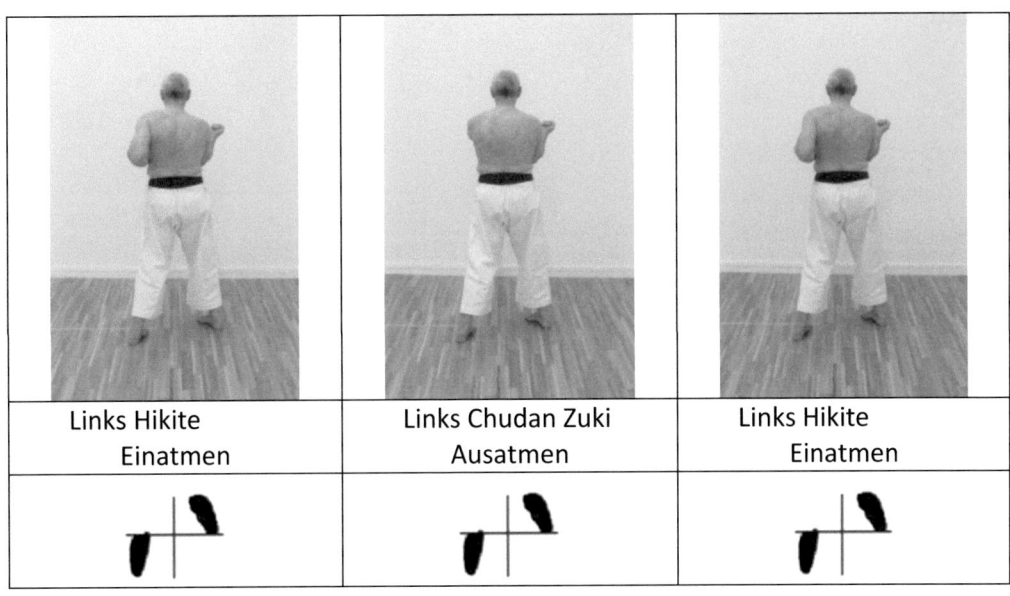

| Links Hikite Einatmen | Links Chudan Zuki Ausatmen | Links Hikite Einatmen |

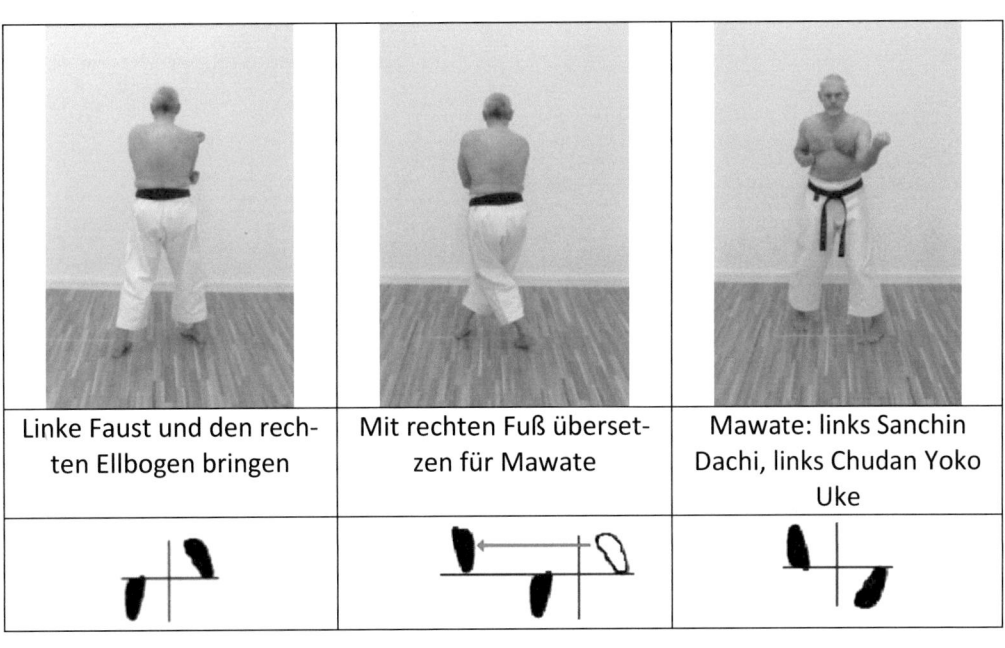

| Linke Faust und den rechten Ellbogen bringen | Mit rechten Fuß übersetzen für Mawate | Mawate: links Sanchin Dachi, links Chudan Yoko Uke |

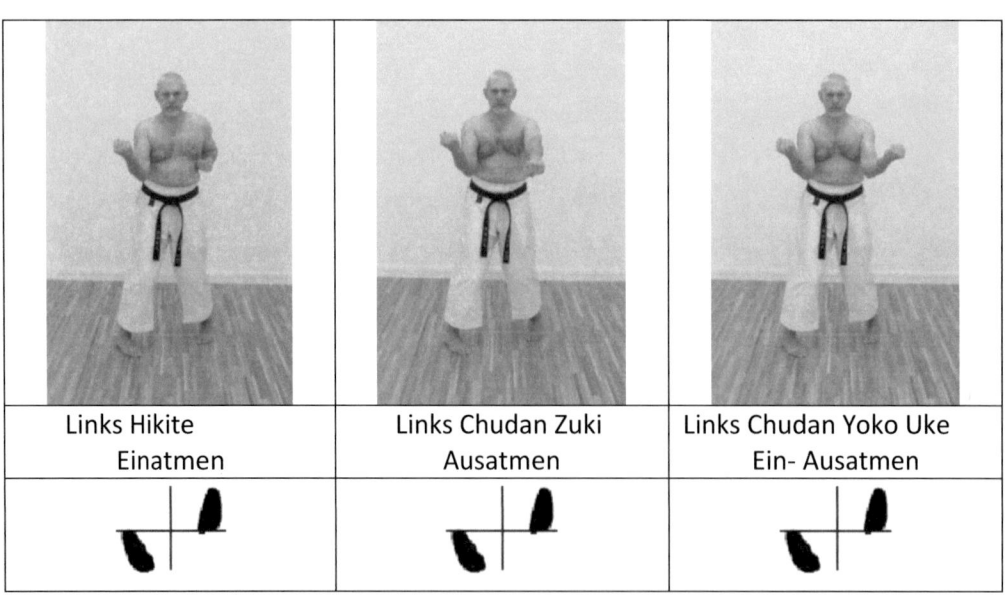

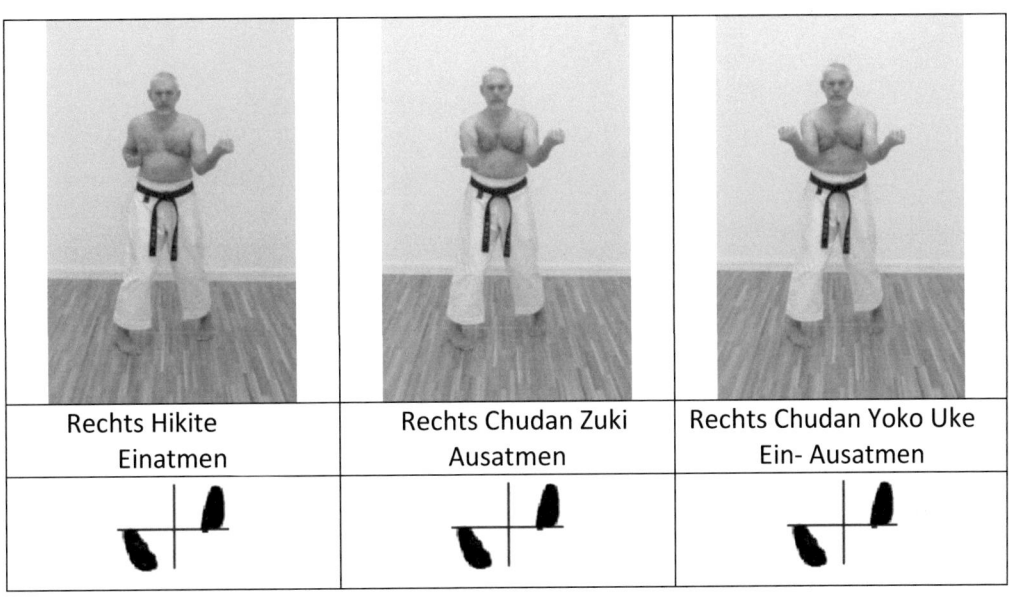

| Rechts Hikite
Einatmen | Rechts Chudan Zuki
Ausatmen | Rechts Chudan Yoko Uke
Ein- Ausatmen |

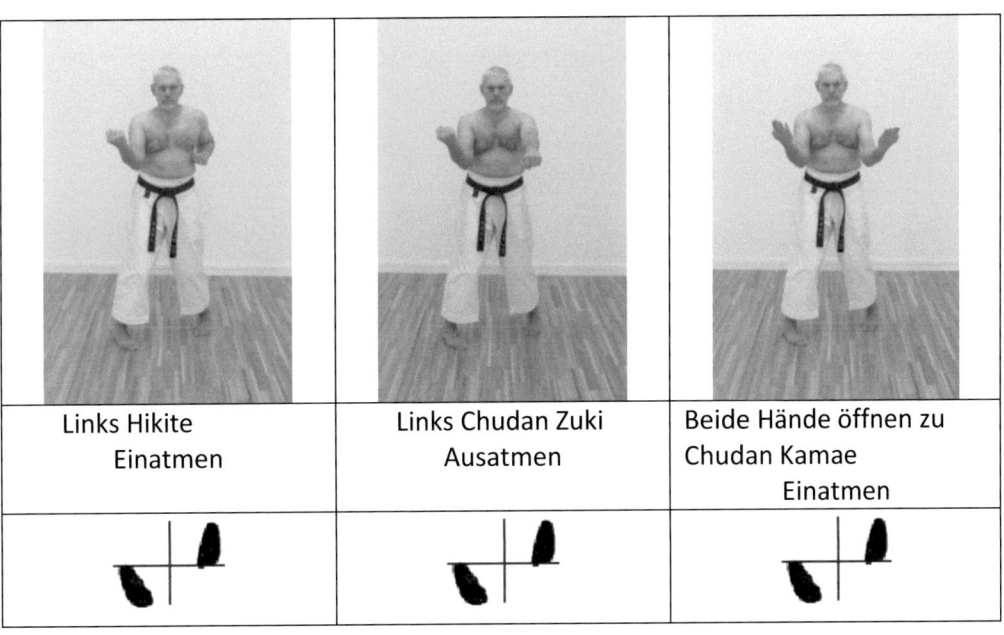

| Links Hikite
Einatmen | Links Chudan Zuki
Ausatmen | Beide Hände öffnen zu
Chudan Kamae
Einatmen |

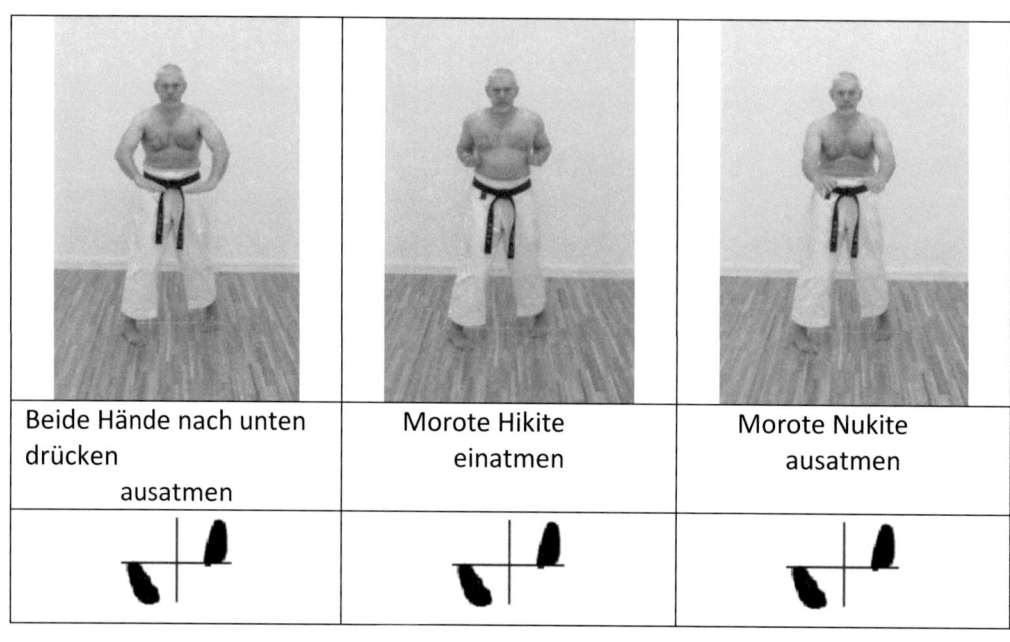

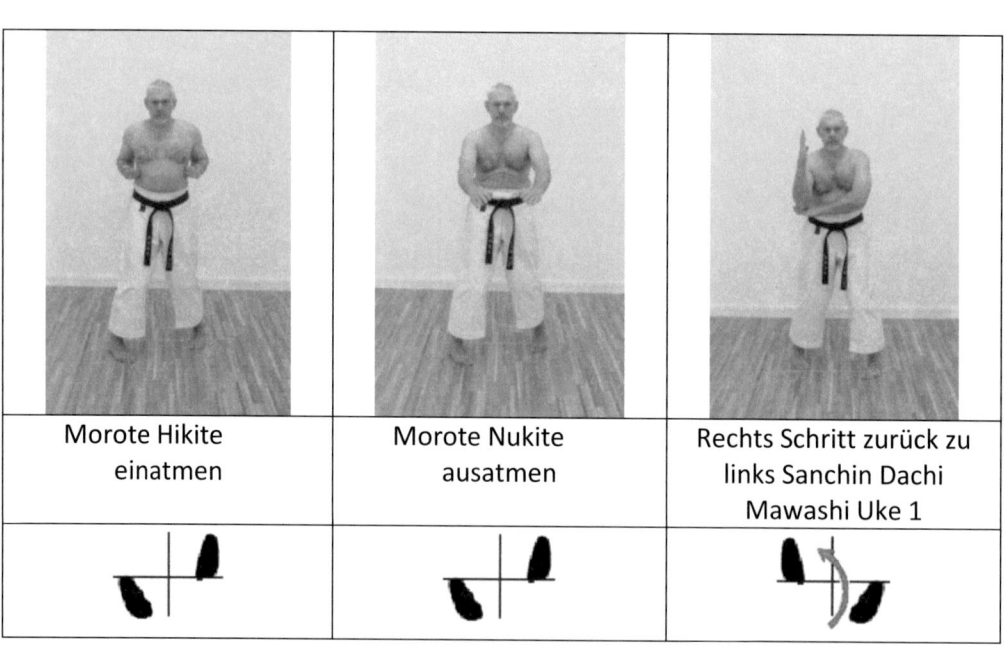

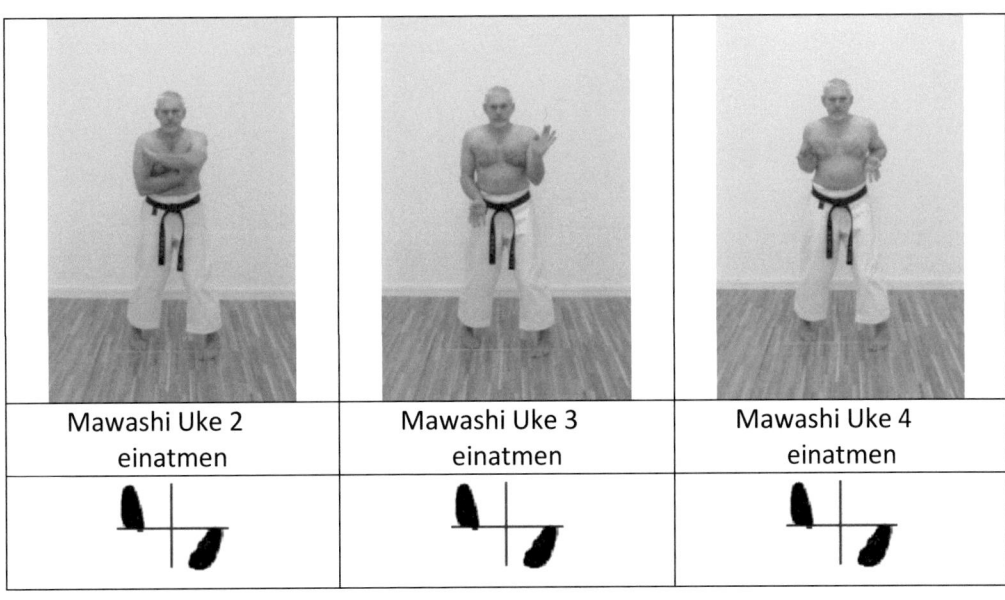

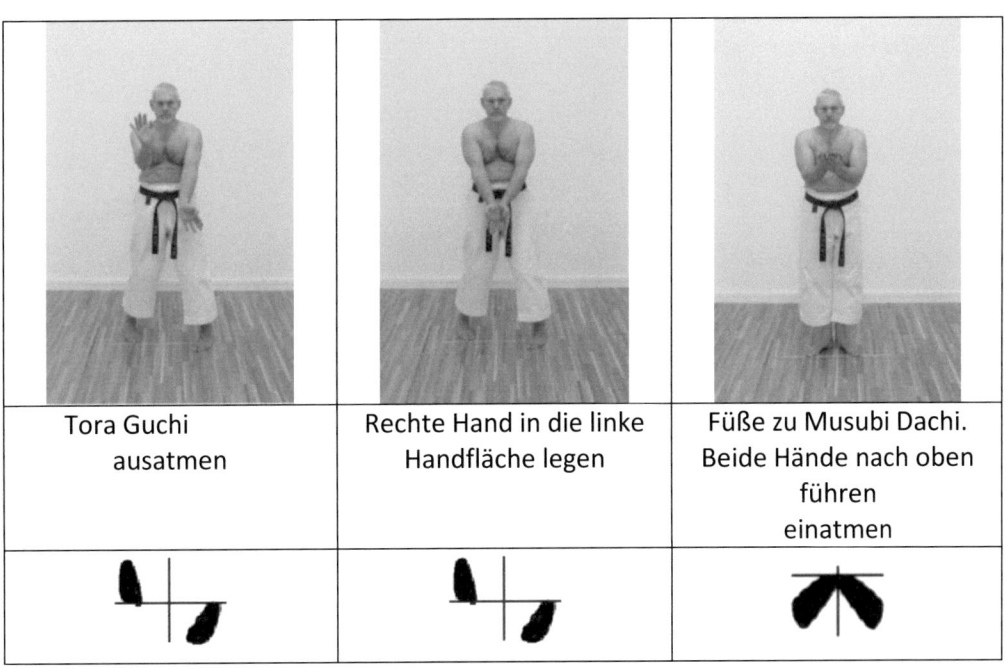

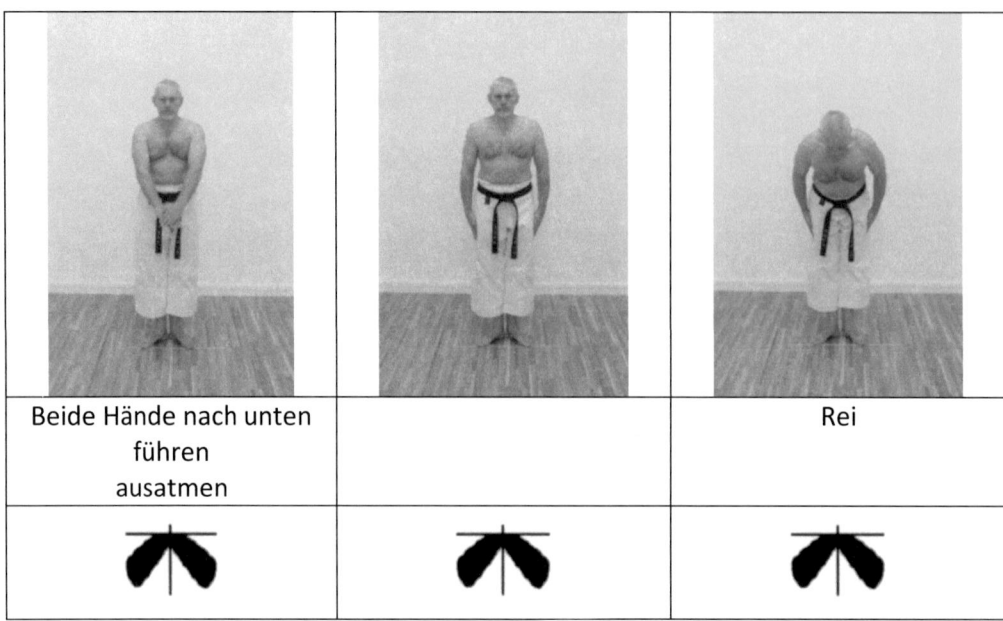

Beide Hände nach unten führen ausatmen		Rei

Saifa

© Autor

Kata Saifa 砕破 oder サイファー

Die Kanji für Saifa die heute in Okinawa verwendet werden, bedeuten 砕 „zerschlagen" und 破 „zerstören". Die Saifa ist die erste klassische Kata des Goju Ryu nachdem man Gekisai 1 und 2 erlernt hat. Die Charakteristik der Saifa ist die Verwendung von Qin-na, Hebeltechniken und Würfen. Es ist eine Kata, die eine klare Ausgewogenheit zwischen dem „Go" und dem „Ju" Aspekt zeigt.

Wir können in der vermutlich aus Südchina stammenden Kata viele Techniken sehen, die an das „Löwen Boxen" 羅漢拳 erinnern, z.B. der doppelte Hiraken und der Tora Guchi. Der doppelte Hiraken zeigt gemäß *Tokashiki Iken* die herabstossende, fangende und ziehende Bewegung der Vorderpranken eines Löwen, wenn dieser seine Beute niederreißt. Während der Tora Guchi, als Löwenmaul gesehen werden kann. Letztlich bedeuten die stampfenden Aktionen, die in der Saifa enthalten sind, der kraftvollen Schritte eines Löwen 獅子.

Die meisten Techniken der Kata werden aus einer engen Nahkampfposition ausgeführt. Das Zerstören des gegnerischen Angriffs bzw. das Zerbrechen eines Griffes.

Die seitlichen Ausweichbewegungen und die Schrittbewegung bei der man regelrecht um den Gegner herumgeht und so in dessen Rücken gelangt sind spezifische Merkmale der Kata Saifa.

Im Prinzip besteht die Saifa aus sechs Bewegungssequenzen:
1. Die Befreiung gegen fassen gefolgt von Uraken Uchi (Bilder 1 – 12b)
2. Die beiden Mae Geri (Bilder 13 – 16)
3. Die beidhändigen Hiraken mit den Kentsui Uchi (Bilder 17 – 25)
4. Die Kentsui Uchi mit Ashi Barai (Bilder 26 – 33)
5. Der Kake Uke gefolgt von einem Gyaku Zuki (Bilder 34 – 35)
6. Die Abschließende Bewegung mit dem Mawashi Uke (Bilder 36 - 39)

 Musubi Dachi Yooi 1	 Musubi Dachi Yooi 2 Rechte Hand auf Brusthöhe in die linke Handfläche legen, dabei einatmen.	 Musubi Dachi Yooi 3 Hände nach unten führen, dabei ausatmen
 Füße zu Heiko Dachi öffnen, Fäuste an die Seite nehmen	 1. Mit dem rechten Fuß 45° diagonal vor in Zenkutsu Dachi. Dabei die rechte Faust ballen und sie senkrecht auf Brusthöhe an die Seite nehmen und mit der linken Handfläche die Faust abdecken.	 2. Den linken Fuß zum rechten Fuß setzen, und auf den Fußballen den Körper um 90 Grad drehen.

3. Sofort die rechte Hand zur linken Seite reißen und dabei den rechten Unterarm drehen.	4a. Den linken Fuß gerade zurück in Shiko Dachi setzen und mit dem linken Handballen einen Otoshi Shotei Uke ausführen.	4b. Mit der rechten Hand Uraken Uchi schlagen. Dabei die linke offene Hand vor den Solarplexus halten.

5. Mit dem linken Fuß 45° diagonal vor in Zenkutsu Dachi. Siehe 1	6. Den rechten Fuß zum linken Fuß setzen, und auf den Fußballen den Körper um 90 Grad drehen.	7. Sofort die linke Hand zur rechten Seite reißen und dabei den linken Unterarm drehen.

8a. Den rechten Fuß gerade zurück in Shiko Dachi setzen und mit dem rechten Handballen einen Otoshi Shotei Uke ausführen.	8b. Mit der linken Hand Uraken Uchi schlagen. Dabei die rechte offene Hand vor den Solarplexus halten.	9. Mit dem rechten Fuß 45 Grad diagonal vor in Zenkutsu Dachi. Siehe 1

10. Den linken Fuß zum rechten Fuß setzen, und auf den Fußballen den Körper um 90 Grad drehen.	11. Sofort die rechte Hand zur linken Seite reißen und dabei den rechten Unterarm drehen.	12a. Den linken Fuß gerade zurück in Shiko Dachi setzen und mit dem linken Handballen einen Otoshi Shotei Uke ausführen.

12b. Mit der rechten Hand Uraken Uchi schlagen. Dabei die linke offene Hand vor den Solarplexus halten.	13. Den linken Fuß diagonal nach links vorne in einen nach vorne gerichteten Shiko Dachi setzen. Die rechte Hand öffnen und in einer Urakake Uke Position halten und mit der linken Hand einen Gedan Shotei Uke ausführen.	14. Nach vorne schauen, links Ura Kake Uke und rechts Gedan Shotei Uke ausführen und gleichzeitig rechts Chudan Mae Geri nach vorne treten.

15. Den rechten Fuß sofort nach rechts zu Shiko Dachi absetzen. Die linke Hand bleibt in der Urakake Uke Position und die rechte Hand in der Gedan Shotei Uke Position.	16. Nach vorne schauen, rechts Ura Kake Uke und links Gedan Shotei Uke ausführen und gleichzeitig links Chudan Mae Geri nach vorne treten.	17. Den linken Fuß nach hinten in rechts Zenkutsu Dachi absetzen und die Hände kreuzen.

18. Im Stand rechts Zenkutsu Dachi Morote Hikite.	19. Im Stand Morote Hiraken Zuki.	20. Im Stand rechts Gedan Kentsui Uchi in die linke Hand.

21. mit dem linken Fuß nach links übersetzen und dabei über die linke Schulter schauen.	22. Um 180 Grad zu links Zenkutsu Dachi drehen und die offenen Hände kreuzen.	23. Im Stand Morote Hikite. Fäuste werden dabei nicht gedreht (Handflächen zeigen nach unten).

24. Im Stand Morote Hiraken Zuki.	25. Im Stand links Gedan Kentsui Uchi in die rechte Hand.	26. Die rechte Hand in einer großen kreisförmigen Bewegung über den Kopf schwingen und den rechten Fuß heben.

27. Mit der rechten Hammerfaust den Gegner auf den Kopf schlagen. Die linke Hand bleibt an der Seite und der rechte Fuß stampft gleichzeitig auf den Boden, wenn die rechte Hand trifft. Den Blick nach vorne richten. **KIAI**	28. Die rechte Hand öffnen und das Haar des Gegners greifen.	29. Den Kopf des Gegners nach unten ziehen, die Hüften eindrehen und mit der linken Faust ins Gesicht des Gegners schlagen.

30. Die linke Hand in einer großen kreisförmigen Bewegung über den Kopf schwingen und den linken Fuß heben.	31. Mit der linken Hammerfaust den Gegner auf den Kopf schlagen. Die rechte Hand bleibt an der Seite und der linke Fuß stampft gleichzeitig auf den Boden, wenn die linke Hand trifft. Den Blick nach vorne richten. **KIAI**	32. Die linke Hand öffnen und das Haar des Gegners greifen.

33. Den Kopf des Gegners nach unten ziehen, die Hüften eindrehen und mit der rechten Faust ins Gesicht des Gegners schlagen.	(umgekehrte Ansicht 33)	34. Rechts Schritt nach vorne zu rechts Sanchin Dachi, die Arme vor der Brust kreuzen und rechts Kake Uke ausführen.

35. Im Stand links Chudan Gyaku Zuki	(umgekehrte Ansicht 35)	36. (*von der Seite*) nach rechts eindrehen zu Kosa Dachi. Die rechte Hand nach vorne strecken und die linke Hand nach unten strecken.

37. Mit dem linken Fuß einen großen Schritt nach vorne zu Nekoashi Dachi und um 180° drehen, dabei die rechten Hand mit Haito Uchi stark zurückziehen, gleichzeitig die linke offene Hand zurückziehen.	38. Im Stand Mawashi Uke	39. Tora Guchi

40. Yame (1) Linke Hand zur rechten Hand führen	41. Yame (2) Hände nach oben führen, dabei einatmen.	42. Yame (3) Hände nach unten führen, dabei ausatmen.

Ausgewählte Bunkai der Kata Saifa 選択分解型砕破

Die Anwendung der Bewegung 2 bis 5 (Variante 1)

1. Der Angreifer ergreift das rechte Handgelenk der Verteidigerin.

2. Die Verteidigerin streckt den Ellenbogen und stößt so mit den Fingerspitzen zu den Augen des Angreifers.

3. Wenn der Schlag der Verteidigerin die Augen des Angreifers verfehlt, versucht der Angreifer zu schlagen, die Verteidigerin wehrt mit der linken Hand den Schlag des Angreifers nach oben ab.

4. Die Verteidigerin löst dann den Griff des Angreifers an ihrem rechten Handgelenk und nutzt die rechte Hand um einen wichtigen Punkt „GB20" am Hals des Angreifers zu schlagen.

5. Die Verteidigerin ergreift die rechte

6. Die Verteidigerin wirft den Angreifer

Hand des Angreifers und macht einen Kipphandhebel {Kote Gaeshi}.	zu Boden, stellt das linke Knie auf den Hals (Gesicht) des Angreifers und hebelt dessen Handgelenk.

Die Anwendung der Bewegung 2 bis 5 (Variante 2)

1. Der Angreifer ergreift das rechte Handgelenk der Verteidigerin.	2. Der Angreifer zieht die Verteidigerin zu sich heran. Die Verteidigerin sperrt sich nicht und geht mit und bringt ihre rechte Hand an ihre rechte Seite und umschließt mit ihrer linken Hand ihre rechte.

3. Die Verteidigerin reißt ihre rechte Hand zur Seite nach links, dreht dabei ihren Unterarm um 90° und löst so den Griff.	4. Die Verteidigerin macht links einen Schritt zurück in Shiko Dachi, schlägt dabei mit ihrer linken Hand den linken Arm des Angreifers nach unten weg und schlägt gleichzeitig mit rechts Uraken Uchi gegen den Vitalpunkt „*Lu01*".

Die Anwendung der Bewegung 2 bis 5 (Variante 3)

1. Der Angreifer greift das rechte Handgelenk der Verteidigerin.

2. Die Verteidigerin führt eine grundlegende Handgelenksbefreiung aus.

3. Die Verteidigerin packt sofort die rechte Hand des Angreifers und dreht diese nach hinten und unten.

4. Die Verteidigerin dreht das Handgelenk des Angreifers weiter, um ihn zu Boden zu werfen.

5. Die Verteidigerin kniet sich auf den Hals des Angreifers und hebelt die Finger oder das Handgelenk.

Die Anwendung der Bewegung 19 bis 23

1. Wenn der Angreifer zum Greifen, Stoßen oder Schlagenvorwärts kommt, geht die Verteidigerin vor und benutzt ihre Fingerspitzen hinter den Schlüsselbeinen des Angreifers.

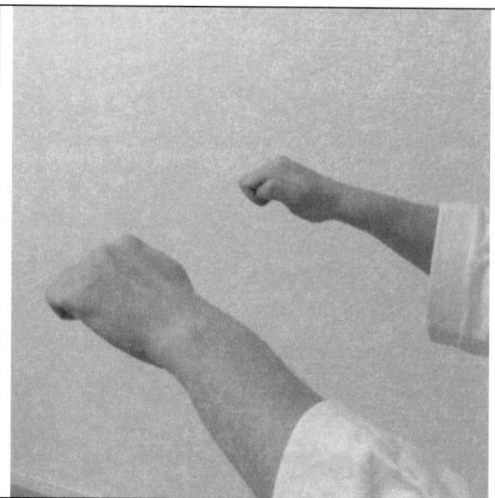

Nahansicht der richtigen Hand Form.

2. Die Verteidigerin hackt in die Vitalpunkte „Ma12" hinter dem Schlüsselbein des Angreifers und drückt und bricht so das Gleichgewicht des Angreifers.	3. Die Verteidigerin benutzt ihre linke Handfläche, um den Angreifer auf dessen rechten Ohr und gleichzeitig die rechte Faust um auf dessen linkes Ohr zu schlagen.

Die Anwendung der Bewegung 26 – 29 (Variante 1)

1. Wenn sich der Angreifer bei einem Angriff vorwärtsbewegt, packt die Verteidigerin die Hand des Angreifers und dreht das Handgelenk nach unten, um den Angreifer in eine niedrige Position zu bringen und schlägt einen Kentsui Uchi auf einen vitalen Punkt am Kopf „*Du20*".

2. Die Verteidigerin schlägt dann mit der rechten Hand einen Shuto Uchi Kante zur Rückseite des Halses „*GB20*". Der Hieb bringt den Körper des Angreifers nach vorne.

3. Die Verteidigerin sticht dann mit den Fingerspitzen in die Augen des Angreifers, wodurch der Angreifer sich zurücklehnt.

4 Die Verteidigerin packt die rechte Hand des Angreifers, um ihn zu hebeln.

5. Die Verteidigerin benutzt dann das gehebelte Handgelenk des Angreifers, um ihn zu Boden zu werfen.

Die Anwendung der Bewegung 26 – 29 (Variante 2)

1. Der Angreifer greift die Verteidigerin mit der linken Hand von hinten am Kraken

2. Die Verteidigerin dreht sich nach hinten und schlägt einen Kentsui Uchi gegen das Gesicht des Angreifers.

3. Die Verteidigerin führt ihren Arm um den Arm des Angreifers herum und hebelt so diesen.

4. Die Verteidigerin drehrt sich ein und stößt mit Ura Zuki zum Kinn des Angreifers.

Die Anwendung der Bewegung 35

1. Wenn der Angreifer zum Kopf der Verteidigerin schlägt, nimmt die Verteidigerin eine ausweichende Position in Kousa Dachi ein und benutzt die rechte Hand, um den Angriff abzulenken und mit den Fingerspitzen über die Augen des Angreifers zu fegen.

2. Die Verteidigerin packt das Handgelenk des Angreifers mit ihrer rechten Hand und stößt mit den linken Fingerspitzen in die Augen des Angreifers.

3. Die Verteidigerin beendet mit einem rechten Shuto Uchi zum vitalen Punkt „*GB20*"auf der Rückseite des Halses.

Die Anwendung der Bewegung 36 - 38

1. Der Angreifer greift das rechte Handgelenk der Verteidigerin.	2. Die Verteidigerin drückt die Hand des Angreifers mit der linken Hand und verdreht die rechte Hand nach außen, um sein Handgelenk zu sperren.

3. Die Verteidigerin drückt den Angreifer auf die Knie.

4. Die Verteidigerin schlägt einen rechten Shuto Uchi zum vitalen Punkt „*GB20*" auf der Rückseite des Halses des Angreifers.

5. Die Verteidigerin beendet die Situation, indem sie den Angreifer nach hinten stößt.

棒術

Bo-Jitsu

基本形一

Kihon Kata Ichi

Diese sehr kurze Kata besteht aus lediglich sieben Techniken, die den Einstieg ins Bo-Jutsu erleichtern soll.

Im Dojo von Dr. Hokama Sensei lernen und praktizieren diese kurze Kata bereit die Kinder ab 6 Jahren.

Im Prinzip besteht die Kata aus sieben Bewegungssequenzen:
1. Jodan Age Uke
2. Gedan Otoshi Uke
3. Gedan Ura Uke
4. Chudan Yoko Uke
5. Jodan Tate Uchi
6. Jodan Nuki Zuki
7. Chudan Soto Uke

Gemäß Dr. Hokama Sensei und anderen Lehrern auf Okinawa sind Karate und Kobujutsu untrennbar miteinander verbunden, folglich ist es nur sinnvoll bereit am Anfang des Karatetrainings auch mit dem Kobujutsu zu beginnen.

Kyotsuke in Musubi Dachi, dabei den BO unter der rechten Achsel in Honto Mochi halten	Rei	Nach dem Gruß wieder aufrichten

Den Bo im Uhrzeigersinn um 180° drehen und	ihn an die rechte Seite der Brust legen	Die linke Hand vom Bo lösen und an die linke Hose legen

Den linken Fuß nach links wegsetzen und mit der linken Hand den Bo in Stirnhöhe greifen	Den Bo nach unten bringen und die rechte Hand wechseln zu Heiko Mochi	Jodan Age Uke (1). Wichtig ist hier die Schnappbewegung aus den Handgelenken, um Gelenksschäden zu vermeiden.

Gedan Otoshi Uke (2)	rechte Hand zu Honto Mochi wechseln	Eindrehen zu links Zenkutsu Dachi und rechts Gedan Ura Uke (3)

Den Bo im Uhrzeigersinn um 180° drehen und	Chudan Yoko Uke (4) nach links	Rechten Fuß zum linken heransetzen und mit dem Bo auf rechter Schulter ausholen

Rechts Schritt vor zu Zenkutsu Dachi rechts Jodan Tate Uchi (5)	Jodan Nuki Zuki (6)	Chudan Soto Uke (7)

Den rechten Fuß zurückziehen zu Musubi Dachi und den Bo an die rechte Seite der Brust legen	Den Bo im Uhrzeigersinn um 180° drehen und	den BO unter der rechten Achsel in Honto Mochi halten

Rei	Nach dem Gruß wieder aufrichten

Erinnerungen 思い出

1985 Koda Sensei München

1997 Budokan Okinawa

1997: mit Higaonna Morio Sensei in München

1998 Miyazato Sensei Budokan Okinawa

1999 Hokama Sensei Budokan Okinawa

1999: Karate & Kobudo Seminar im Budokan Okinawa, August. Anlässlich der Gedenkzeremonie für Matayoshi Shinpo Sensei

1999年8月8日(日)　於 沖縄コンベンションセンター劇場棟
主催：社団法人　全沖縄古武道連盟　金硬流唐手又吉古武道宗家　総本部光道館

1999 im Convention Center in Ginowan, Okinawa. Gedenkzeremonie für Matayoshi Shinpo Sensei

2001: Patrick McCarthy Sensei in Berlin

2002: Zusammen mit meinem Schüler Christian, im Dojo von Hokama Sensei, begleitet von Gakiya Sensei und Yogi Sensei

2002: Zusammen mit Frenden aus Australien im Kempo Dojo von Irei Sensei

2003: Seminar in Italien mit Kikugawa Sensei und Kinjo Sensei zusammen mit meinen Schülern Goran und Tanja

2005: Patrick McCarthy Sensei in Schwabing

2006: Kanazawa Sensei in Neufahrn

2007: Hokama Sensei in Endingen

2008: Zusammen mit meiner Schülerin Tanja bei Yogi Sensei

2008: Zusammen mit meiner Schülerin Tanja bei Gakiya Sensei im Budokan Okinawa

2008: Hokama Dojo

2009: Tee-Time im Dojo von Hokama Sensei

2009: Hokama Dojo

2009: im Dojo von Hokama Sensei
Freunde aus Deutschland, Rußland, Südafrika und Spanien

2011: Kyusho Seminar mir Jean Paul Bindel

2011: Jean Paul Bindel

2015: im Dojo von Hokama Sensei

2016: im Dojo von Hokama Sensei

2016: im Dojo von Hokama Sensei, zusammen mit Leif Hermansson

2016: im Dojo von Hokama Sensei

2016: im Dojo von Hokama Sensei,
zusammen mit Ken Ogura

09.05.2016 von Hokama Sensei erhalte ich die Urkunde nach bestandener Prüfung zum 7. Dan Okinawa Kenshi-Kai Karate-Jutsu Kobu-Jutsu

Meine Helfer/Darsteller

Tanja Ganzenmüller
4. Dan, ist der Sei-Shihan des Koshukan Karate Dojo und zeigt in diesem Buch die Kata Saifa und Bunkai

Goran Mesic
3. Dan, ist Übungsleiter des Koshukan Karate Dojo und zeigt in diesem Buch den Bunkai der Kata Saifa

Jochen Kiltz
1. Kyu, ist Übungsleiter im Koshukan Karate Dojo und zeigt in diesem Buch die Grundtechniken

Über den Autor

Heinrich Büttner wurde 1958 in Bamberg geboren. Seine ersten Schritte in den Kampfkünsten machte er im Alter von 16 Jahren, als er in Bamberg mit Karate und Judo begann.

Sein Werdegang in den Kampfkünsten hätte aber fast ein schnelles Ende gefunden als er 1977 nach München zur Bundeswehr ging. Trotz langer und intensiver Suche fand er zunächst kein Dojo, in dem Karate praktiziert wurde, das auch nur eine Ähnlichkeit mit „normalem" Karatetraining hatte. Anstatt Karate wurde Kung-Fu und ähnliches angeboten.

Durch einen Zufall fand er dann das Dojo von Koda Toshio Sensei. Hatte der Autor in Bamberg mit dem in Deutschland sehr verbreiteten „Shotokan" begonnen, so fand für ihn nun ein Wechsel zum Goju Ryû Karate statt. Dies vor allem, da Koda Sensei ein sehr hartes, körperbetontes Karate unterrichtete.

Unter Koda Sensei trainierte er nun fast täglich bis 1985, als Koda Sensei für längere Zeit zurück nach Japan ging. Im gleichen Jahr fing er auf Anraten eines guten Freundes als Trainer an. Die Karateabteilung des TSV München von 1860 e.V. stand kurz vor der Auflösung und suchte einen Trainer. Heinrich Büttner übernahm diese Aufgabe und stand der Abteilung zunächst als Trainer und später auch als Abteilungsleiter vor.

Das Jahr 1993 begann mit vielen Schwierigkeiten. Der Trainingsbetrieb konnte auf Grund eines Hallenbrandes nicht mehr aufrechterhalten werden und so bat ihn ein Freund nach Schwabing umzusiedeln. Aus diesen Gründen übernahm er nun die Karateabteilung des MTSV Schwabing e.V., der er bis heute als Trainer und Abteilungsleiter vorsteht.

In all den Jahren, hat er aber auch außerhalb des Vereins Akzente gesetzt. Er stand über viele Jahre als Landeskampfrichter dem Bayerischen Karatebund zur Verfügung. Außerdem war er von September 1986 bis August 2003 als Stilrichtungsreferent, zunächst in der Stilrichtung Goju Ryu und dann in der Stilrichtung JKF Goju Kai tätig.

Im August 1996 reiste er zum ersten Mal nach Okinawa und lernte dort Gakiya Yoshiaki Sensei, 8. Dan Kobudo kennen, bei dem er seitdem alljährlich in Okinawa bis zu dessen tragischer Krankheit 2011 trainierte.

Bei einer seiner Reisen nach Okinawa lernte er 1999 Dr. Hokama kennen und konnte von ihm vieles, sowohl über die Geschichte als auch über die alten, traditionellen Methoden des Okinawa Karate erlernen.

Im Dezember 2001 traf er zum ersten Mal auf Hanshi Patrick McCarthy, der ihn zutiefst beeindruckte und der ihm auf seinem Weg das traditionelle Karate und Kobudo zu erforschen seitdem ein Lehrer ist.

In all den Jahren hat er auch auf Grund seiner beruflichen Tätigkeit bei der Bayerischen Polizei nie den Bezug zur Realität verloren. Deshalb steht er den sportlichen Aspekten des Karate sehr skeptisch gegenüber, besonders, wenn mit sportlichen Techniken realistische Selbstverteidigung gelehrt wird. Und dies von Leuten, die noch nie auf der Straße ihren Mann oder ihre Frau gestanden haben.

Im November 2007 erhielt er von Hanshi Patrick McCarthy, 9. Dan Koryû Uchinadi den 6. Dan im Karate verliehen, für seine Bemühungen dem traditionellen Weg der Kampfkünste von Okinawa zu folgen.

Im Frühjahr 2008 nannte er sein Dojo KOSHUKAN 古手舘, das „Haus in dem **Ko**budo und Kara**te**" geübt werden.

Im November 2013 legte er bei Hanshi Jean-Paul Bindel, 9. Dan Kyusho Jutsu die Prüfung zum 1. Dan im Kyusho Jutsu mit Erfolg ab.

Im Mai 2016 bestand er mit Erfolg bei Dr. Hokama, 10. Dan Goju-Ryu Karatedo Okinawa Kobudo die Prüfung zum 7. Dan. Ihm wurde gleichzeitig der Titel Kyoshi verliehen.

Karate ni Sente nashi
(Es gibt keine Initiative / ersten Angriff im Karate.)
Geschrieben von Hokama Tetsuhiro, PhD in Karate
10. Dan Hanshi Goju Ryu Karatedo und Okinawa Kobudo

Literatur:

Okinawa The History of an Island People by George H. Kerr
100 Masters of Okinawa Karate by Hokama Tetsuhiro
Timeline of Karate History by Hokama Tetsuhiro
History and Traditions of Okinawan Karate by Hokama Tetsuhiro
Okinawa Karatedo Kobudo no Shinzui by Hokama Tetsuhiro
The 7 Samurai of Okinawa Karate by Hokama Tetsuhiro
Traditional Karate-Do: Okinawa Goju Ryu, Vol. 1: The Fundamental Techniques by Higaonna Morio
Traditional Karate-Do: Okinawa Goju Ryu, Vol. 2: Performances of the Kata by Higaonna Morio
Traditional Karate-Do: Okinawa Goju Ryu, Vol. 3: Applications of the Kata Part 1 by Higaonna Morio
Traditional Karate-Do: Okinawa Goju Ryu, Vol. 4: Applications of the Kata Part 2 by Higaonna Morio
The History of Karate Goju Ryu by Higaonna Morio
Orthodox Goju Ryu Karate-Do by Takahashi Miyagi
Goju Kensha Karatedo Kyohon by Ohtsuka Tadahiko
Okinawa Den Bubishi by Ohtsuka Tadahiko
Bubishi – The Bible of Karate by Patrick McCarthy
The Art of Hojo Undo by Michael Clarke
Functional Training – Das revolutionäre 5-Dimensionen-Konzept by Dr. Daniel Gärtner
Comprehensive Applications of Shaolin Chin Na by Dr. Yang, Jwing Ming
Small-circle jujitsu by Wally Jay
The illustrations from the works of Andreas Vesalius of Brussels
Akupunktur kompakt M. Hammes, H. Kuschick, K. H. Christoph